McDougal Littell

PASAPORTE AL MUNDO 21

¡En español!

¡A practicar!
Cuaderno

McDougal Littell
A HOUGHTON MIFFLIN COMPANY
Evanston, Illinois • Boston • Dallas

Illustration Credits

Lamberto Álvarez
Ruth J. Flanigan
Rick García
Hrana Janto
Judy Love
Isaías Mata
Jennifer D. Paley
Joan E. Paley
Marcy Ramsey
Daniel Torres

Production and Design
UpperCase, Inc.

Copyright © by McDougal Littell, a division of Houghton Mifflin Company.

All rights reserved. No part of this publication may be reproduced or transmitted in any form by any means, electronic or mechanical, including photocopy, recording, or any information storage or retrieval system, without permission in writing from the publisher.

ISBN-13: 978-0-618-34931-9   ISBN-10: 0-618-34931-6

17 18 19 20 1689 15 14 13 12

4500372972

Contenido

Lección preliminar 1

Conexiones
A. El encuentro con el otro *Nouns; Definite and indefinite articles* 1
B. Oraciones *Nouns; Definite and indefinite articles* 1
C. El español: Pasaporte al Mundo 21 *Present indicative: Regular verbs* 2

¡Exprésate!
D. El regreso a clases *El colegio* 3
E. Un día típico *Un día típico en el colegio* 3
Vocabulario activo 4
Más práctica ST #11 *El tiempo, las estaciones y los meses* 4

Unidad 1 5

Unidad 1, Lección 1 5
Conexiones
A. Los chicanos *Ser and estar* 5
B. Gente del Mundo 21 *Ser/estar with adjectives* 6
C. Adolfo Miller *Describing people* 6

¡Exprésate!
D. La identidad *Descripción física y de personalidad* 7
Vocabulario activo 8
Más práctica ST #29 *Adjetivos descriptivos* 8

Unidad 1, Lección 2 9
Conexiones
A. Gente del Mundo 21 *Stem-changing verbs* 9
B. Una amiga puertorriqueña *Stem-changing verbs* 9
C. El Desfile *Verbs with spelling changes; Irregular verbs* 10

¡Exprésate!
D. Álbum de fotos virtual *La familia* 11
E. Recuerdos familiares *Para describir a la familia* 11
Vocabulario activo 12
Más práctica ST #16 *La familia* 12

Unidad 1, Lección 3 13
Conexiones
A. Gente del Mundo 21 *Demonstrative adjectives and pronouns* 13
B. Generación Ñ *Comparatives and superlatives* 13
C. Cristina *Comparatives and superlatives* 14

¡Exprésate!
D. Tus pasatiempos *Para describir los pasatiempos* 15
Vocabulario activo 16
Más práctica ST #23 *Las diversiones y los pasatiempos* 16

Unidad 2 17

Unidad 2, Lección 1 17
Conexiones
A. Gente del Mundo 21 *Preterite: Regular verbs* 17
B. Las maravillas de España *Preterite: Regular verbs* 17
C. La versión de Sancho *Preterite; Direct and indirect object pronouns* 18

¡Exprésate!
D. En el aeropuerto *Qué hacer en el aeropuerto* 19
E. El turista que no sabe nada *Consejos* 19
Vocabulario activo 20
Más práctica ST #21 *Los medios de transporte* 20

Unidad 2, Lección 2 21
Conexiones
A. El sábado. *Preterite: Stem-changing verbs* 21
B. La educación del futuro *Preterite: Irregular verbs* 21
C. Picasso *Gustar and similar constructions* 22
¡Exprésate!

D. En el hotel *Cómo registrarte en un hotel* 23
Vocabulario activo 24
Más práctica ST #13 *Las tiendas* 24

Unidad 2, Lección 3 25
Conexiones
A. La producción de una película *Imperfect* 25
B. La escena *Imperfect* 26
C. El producir una película *The infinitive* 26

¡Exprésate!
D. En el restaurante La Castellana *Cómo ordenar en un restaurante* 27
Vocabulario activo 28
Más práctica ST #20 *Los restaurantes y los cubiertos* 28

Unidad 3 29

Unidad 3, Lección 1 29
Conexiones
A. Tiempo libre *Preterite and imperfect* 29
B. El arte mexicano *Preterite and imperfect* 30
C. Opiniones *Possessive adjectives and pronouns* 30

¡Exprésate!
D. ¿Qué me pongo? *La ropa* 31
Vocabulario activo 32
Más práctica #12 *La ropa* 32

UNIDAD 3, LECCIÓN 2 29
Conexiones
A. **Fragmentos** *Indefinite and negative expressions* ...33
B. **Viaje a Guatemala** *Preterite and imperfect* 33
C. **Rigoberta Menchú Tum** *Preterite and imperfect* ...34

¡Exprésate!
D. **La imagen deportiva** *La ropa deportiva* 35
E. **La ropa deportiva** *Tu vestuario* 35
Vocabulario activo 36
Más práctica ST #31 *El pretérito y el imperfecto* ..36

UNIDAD 3, LECCIÓN 3 37
Conexiones
A. **¡Vamos a México!** *Para and por* 37
B. **Teotihuacán** *Para and por* 37
C. **El Museo D.H. Young** *Common por expressions* ...38

¡Exprésate!
D. **Una cita** *Alistándote para una cita* 39
E. **¡Dios mío!** *Preparación para una cita* 39
Vocabulario activo 40
Más práctica ST #22 *Los verbos reflexivos, la rutina diaria y la hora del día* 40

Unidad 4   41

UNIDAD 4, LECCIÓN 1 41
Conexiones
A. **Del pasado al presente** *The past participle* 41
B. **Cubanos famosos** *Past participle* 42
C. **José Martí** *Passive constructions* 42

¡Exprésate!
D. **El hogar** *Los cuartos y los muebles* 43
Vocabulario activo 44
Más práctica ST #17 *La casa y los muebles* 43

UNIDAD 4, LECCIÓN 2 45
Conexiones
A. **Del pasado al presente** *Present subjunctive forms* ..45
B. **Juan Luis Guerra** *Present subjunctive* 45
C. **La serie del Caribe** *Familiar commands* 46
D. **Un entrenador nuevo** *Formal commands* 46

¡Exprésate!
D. **Por favor ...** *Los quehaceres domésticos* 47
Vocabulario activo 48
Más práctica ST #14 *Lugares comunes* 48

UNIDAD 4, LECCIÓN 3 49
Conexiones
A. **Bob Vila** *Subjunctive: Recommendations, suggestions* 49
B. **Las alternativas políticas de Puerto Rico** *Subjunctive: Doubt, uncertainty* 49
C. **Del pasado al presente** *Subjunctive: Opinions and judgments* 50

¡Exprésate!
D. **La barbacoa** *Los alimentos* 51
Vocabulario activo 52
Más práctica ST#18 *La comida y el supermercado* 52

Unidad 5   53

UNIDAD 5, LECCIÓN 1 53
Conexiones
A. **Gente del Mundo 21** *Que, quien* 53
B. **Del pasado al presente** *Use of el cual and el que* ...53
C. **Isaías Mata** *Use of lo cual and lo que* 54
D. **Salvadoreños importantes** *Use of cuyo* 54
E. **Los perros mágicos de los volcanes** *Present subjunctive in adjective clauses* 55

¡Exprésate!
La naturaleza 56
F. **Ecólogo(a)** *Los recursos naturales* 57
G. **El medio ambiente** *Investigación sobre un país latinoamericano* 57
Vocabulario activo 58
Más práctica ST #7 & #8. *Sudamérica* 58

UNIDAD 5, LECCIÓN 2 59
Conexiones
A. **Viaje a Honduras** *Present subjunctive in adverbial clauses* 59
B. **Pensamientos** *Present subjunctive in adverbial clauses* 59
C. **Mis primeros versos** *Conjunctions requiring the indicative/subjunctive* 60

¡Exprésate!
Problemas ecológicos y posibles soluciones 61
D. **Presidente** *Opiniones sobre el medio ambiente* ...61
Vocabulario activo 62
Más práctica ST #3 & #4. *México* 62

UNIDAD 5, LECCIÓN 3 63
Conexiones
A. **Juan y Alma** *Conjunctions of time* 63
B. **Costa Rica** *Aunque* 63
C. **Los parques ecológicos** *Present subjunctive in adverbial clauses* 64

¡Exprésate!
El programa de reciclaje 65
D. **Vamos a hacer nuestra parte** *Un cartel* 65
Vocabulario activo 66
Más práctica ST #5 & #6. *Centroamérica y el Caribe* 66

Unidad 6 — 67

Unidad 6, Lección 1 67
Conexiones
- A. Un día de estos *Future: Regular and irregular* 67
- B. Gabriel García Márquez *Future: Regular* 68
- C. Una visita al dentista *Future: Regular and irregular* .68
- D. Teatro para ser leído *Future: Regular* 69

¡Exprésate!
El Ciberespacio 70
- E. Periódico estudiantil electrónico *La edición electrónica* 70
- F. La página inicial *Para crear una página inicial* 71

Vocabulario activo 72
Más práctica ST #15 *Objetos comunes y preposiciones de ubicación* 72

Unidad 6, Lección 2 73
Conexiones
- A. Tu candidatura *Conditional: Regular and irregular* .73
- B. El Canal de Panamá *Conditional: Regular and irregular* 73
- C. Rubén Blades *Conditional: Regular and irregular* ..74

¡Exprésate!
Los medios de comunicación 75
- D. Mi programa *La programación* 75

Vocabulario activo 76
Más práctica ST #32 *El subjuntivo, el futuro, el condicional* 76

Unidad 6, Lección 3 77
Conexiones
- A. Ifigenia *Imperfect subjunctive: Regular* 77
- B. Caracas, la ciudad ultramoderna *Imperfect subjunctive: Regular and irregular* 77
- C. Amigos venezolanos *Imperfect subjunctive: Regular and irregular* 78

¡Exprésate!
Los profesionales en los medios de comunicación 79
- D. Yo quiero ser ... *Las profesiones* 79

Vocabulario activo 80
Más práctica ST #30 *Expresiones con tener* ... .80

Unidad 7 — 81

Unidad 7, Lección 1 81
Conexiones
- A. Viaje al Perú *Imperfect subjunctive: Noun clauses* ..81
- B. Entrevistas *Imperfect subjunctive: Adjective clauses* 81
- C. El hombre y la víbora *Imperfect subjunctive* 82

¡Exprésate!
En el consultorio del médico 83
- D. El examen físico 83
- E. ¡No me siento bien! *Los síntomas* 83

Vocabulario activo 84
Más práctica ST #27 *La clínica* 84
ST #28 *El examen físico* 84

Unidad 7, Lección 2 85
Conexiones
- A. Arturo *Imperfect subjunctive: Adverbial clauses* ...85
- B. Los casados *Imperfect subjunctive: Adverbial clauses* 85
- C. Las Galápagos *Imperfect subjunctive: Adverbial clauses* 86

¡Exprésate!
La dieta de proteínas que no duele 87
- D. Las proteínas *La dieta de proteínas* 87

Vocabulario activo 88
Más práctica ST #19 *Las frutas y los vegetales* ...88

Unidad 7, Lección 3 89
Conexiones
- A. Ventana al Mundo 21 *Present perfect indicative* ...89
- B. Fragmentos *Present perfect indicative* 90
- C. Opiniones *Present perfect subjunctive* 91

¡Exprésate!
Poniéndote en forma 92
- D. Tu rutina. *Los ejercicios* 93
- E. Consejos *Aconsejando a un(a) amigo(a)* 93

Vocabulario activo 94
Más práctica ST #25 *Los deportes* 94
ST #26 *El cuerpo* 94

Unidad 8 — 95

Unidad 8, Lección 1 95
Conexiones
- A. Gente del Mundo 21 *Past perfect indicative* 95
- B. ¿Mujer o mito? *Past perfect subjunctive* 95
- C. El futuro de Mafalda *Future perfect* 96
- D. Fútbol *Past perfect subjunctive and conditional perfect* 96

¡Exprésate!
- E. Las profesiones. *Las aptitudes* 97

Vocabulario activo 98
Más práctica ST #24 *Las profesiones y las carreras* 98

¡A practicar! v

Unidad 8, Lección 2 99
Conexiones
- A. Gente del Mundo 21 *Sequence of tenses: Indicative* 99
- B. Los guaraníes *Sequence of tenses: Indicative* 99
- C. La presa de Itaipú *Sequence of tenses: Indicative* 100
- D. Visita a Paraguay *Sequence of tenses: Indicative* 100

Unidad 8, Lección 3 103
Conexiones
- A. Recomendaciones *Sequence of tenses: Indicative and subjunctive* 103
- B. Del pasado al presente *Sequence of tenses: Indicative and subjunctive* 103
- C. Las odas de Pablo Neruda *Si clauses* 104
- D. Debiera... *Imperfect subjunctive in main clauses* 105

¡Exprésate!
- La entrevista *El aspecto, la actitud y la preparación* 101
- E. Mi primera entrevista 101
- **Vocabulario activo** 102
- **Más práctica** ST #12 *La ropa* 102

- E. Ojalá... *Imperfect subjunctive in main clauses* 105

¡Exprésate!
- La solicitud de empleo 106
- F. La solicitud *Cómo llenar la solicitud* 107
- **Vocabulario activo** 108
- **Más práctica** ST #24 *Las profesiones y las carreras* 108

Manual de gramática

Lección preliminar — 111
- **LP.1** Nouns 111
- **LP.2** Definite and Indefinite Articles 112
- **LP.3** Present Indicative: Regular Verbs 114

Unidad 1 — 116
Unidad 1, Lección 1 116
- **1.1** Uses of the Verbs *ser* and *estar* 116
- **1.2** Descriptive Adjectives 117

Unidad 1, Lección 2 119
- **1.3** Stem-changing Verbs 119
- **1.4** Verbs with Spelling Changes and Irregular Verbs 120

Unidad 1, Lección 3 122
- **1.5** Demonstrative Adjectives and Pronouns 122
- **1.6** Comparatives and Superlatives 123

Unidad 2 — 125
Unidad 2, Lección 1 125
- **2.1** Preterite: Regular Verbs 125
- **2.2** Direct and Indirect Object Pronouns and the Personal *a* 126

Unidad 2, Lección 2 128
- **2.3** Preterite: Stem-changing and Irregular verbs 128
- **2.4** *Gustar* and Similar Constructions 130

Unidad 2, Lección 3 131
- **2.5** Imperfect 131
- **2.6** The Infinitive 133

Unidad 3 — 135
Unidad 3, Lección 1 135
- **3.1** Preterite and Imperfect: Completed and Background Actions 135
- **3.2** Possessive Adjectives and Pronouns 136

Unidad 3, Lección 2 138
- **3.3** Indefinite and Negative Expressions 138
- **3.4** Preterite and Imperfect: Simultaneous and Recurrent Actions 139

Unidad 3, Lección 3 142
- **3.5** The prepositions *para* and *por* 142

Unidad 4 — 144
Unidad 4, Lección 1 144
- **4.1** The Past Participle 144
- **4.2** Passive Constructions 144

Unidad 4, Lección 2 146
- **4.3** Present Subjunctive Forms and the Use of the Subjunctive in Main Clauses 146
- **4.4** Formal and Familiar Commands 149

Unidad 4, Lección 3 152
- **4.5** Subjunctive: Noun Clauses 152

Unidad 5 — 155
Unidad 5, Lección 1 155
- **5.1** Relative Pronouns 155
- **5.2** Present Subjunctive: Adjective Clauses 159

Unidad 5, Lección 2 160
- **5.3** Present Subjunctive in Adverbial Clauses: A First Look 160

Unidad 5, Lección 3 162
- **5.4** Present Subjunctive in Adverbial Clauses: A Second Look 162

Unidad 6 — 164
Unidad 6, Lección 1 164
- **6.1** Future: Regular and Irregular Verbs 164

Unidad 6, Lección 2 166
- **6.2** Conditional: Regular and Irregular Verbs 166

Unidad 6, Lección 3 168
- **6.3** Imperfect Subjunctive: Forms and si-clauses 168

Unidad 7 — 171
Unidad 7, Lección 1 171
- **7.1** Imperfect Subjunctive: Noun and Adjective Clauses 171

Unidad 7, Lección 2 173
- **7.2** Imperfect Subjunctive: Adverbial Clauses 173

Unidad 7, Lección 3 175
- **7.3** Present Perfect: Indicative and Subjunctive 175

Unidad 8 — 177
Unidad 8, Lección 1 177
- **8.1** Other Perfect Tenses 177

Unidad 8, Lección 2 180
- **8.2** Sequence of Tenses: Indicative 180

Unidad 8, Lección 3 183
- **8.3** Sequence of Tenses: Indicative and Subjunctive 183
- **8.4** Imperfect Subjunctive in Main Clauses 186

Lección preliminar

Nombre _____ **Fecha** _____

Conexiones

 El encuentro con el otro. ¿Sabes el número y el género de los sustantivos que usó Carlos Fuentes en la lectura *El encuentro con el otro*? Escribe cada sustantivo con su artículo definido y luego con su artículo indefinido.

MODELO   gran diversidad   **la gran diversidad; una gran diversidad**

1. tema central _____
2. cuestión central _____
3. comunidad hispánica _____
   _____
4. instante perfecto _____
5. confusión _____
6. culturas _____
7. mundo multicultural _____
   _____
8. experiencia personal _____
   _____

Oraciones. Ahora escribe una oración con cuatro de las frases de la Actividad A.

MODELO   gran diversidad
   Hay una gran diversidad multicultural en la ciudad de Los Ángeles.

1. _____
   _____
2. _____
   _____
3. _____
   _____
4. _____
   _____

¡A practicar!   1

Nombre _____ **Fecha** _____

C **El español: Pasaporte al Mundo 21.** ¿Por qué el español se puede considerar un pasaporte al Mundo 21? Para saberlo, completa las oraciones con el presente de indicativo de los verbos indicados.

1. Alrededor de 360 millones de personas _____ español. *(hablar)*

2. El español _____ palabras de origen ibérico, celta, germánico y árabe. *(incluir)*

3. El español también _____ palabras de muchas lenguas nativas. *(incorporar)*

4. El mundo hispánico _____ un universo con una gran diversidad cultural. *(ser)*

5. Todo el mundo _____ el famoso cuadro de Pablo Picasso titulado *Guernica*. *(admirar)*

6. En 1992, Rigoberta Menchú Tum _____ el Premio Nobel de la Paz. *(recibir)*

7. _____ una gran influencia africana en las naciones del Caribe. *(existir)*

8. Nosotros, los estadounidenses, _____ en el debate sobre si Puerto Rico debe ser estado libre, estado de EE.UU. o país independiente. *(participar)*

9. El Salvador, Honduras, Nicaragua y Costa Rica _____ una historia dramática. *(compartir)*

10. Los parques nacionales de Costa Rica _____ una importancia ecológica para todo el mundo. *(tener)*

11. La lengua guaraní _____ con la ayuda de las misiones. *(sobrevivir)*

12. El título *Mundo 21* _____ referencia a los veintiún países de habla española y al siglo XXI a la vez. *(hacer)*

2 **Lección preliminar**

¡Exprésate!

D **El regreso a clases.** ¿Puedes identificar el género y el número de los sustantivos en el dibujo? Escribe el artículo definido correcto de cada sustantivo.

Otros lugares en el colegio

____ estadio *stadium*   ____ auditorio *auditorium*

____ gimnasio *gymnasium*   ____ cafetería *cafeteria*

____ canchas de tenis *tennis courts*   ____ servicios *restrooms*

____ campo de fútbol *football or soccer field*   ____ estacionamiento *parking lot*

E **Un día típico.** Escribe un párrafo describiendo un día típico para ti en tu colegio. ¿Adónde vas? ¿A qué hora? ¿Qué cosas necesitas? Usa tu nuevo vocabulario.

EJEMPLO   A las diez tengo que estar en el gimnasio. Tengo que traer unos pantalones cortos, una camiseta, unos calcetines y mis zapatos deportivos. Usualmente dejo todo en mi lóquer hasta que suena el timbre del segundo período.

_____

_____

_____

Nombre _____ **Fecha** _____

Vocabulario activo

Fuentes culturales
árabe *Arabic*
azteca *Aztec*
cristiano(a) *Christian*
europeo(a) *European*
gitano(a) *Gypsy*
griego(a) *Greek*
ibero(a) *Iberian*
indígena *native, indigenous*
judío(a) *Jewish*
mestizo(a) *mestizo, of mixed blood*
moro(a) *Moorish*
negro(a) *African, black*
romano(a) *Roman*

Realidad multicultural
la comunidad *community*
el desafío *challenge*
la diversidad *diversity*
empobrecer *to impoverish, make poor*
el encuentro *encounter*
excluir *to exclude*
la filosofía *philosophy*
incluir *to include*
la lucha *fight, struggle*
multicultural *multicultural*
multirracial *multiracial*
el perfil *profile*
el sentimiento *sentiment, feeling*
traicionar *to betray*
la voluntad *will, desire*

Más práctica

11. El tiempo, las estaciones y los meses

El tiempo, las estaciones y los meses. ¿En qué piensan estos chicos? ¿Puedes describir sus pensamientos? Menciona el tiempo, la estación, el mes que crees que sea y la actividad en que participan. ¿Qué hiciste tú este verano?

Lección preliminar

Unidad 1, Lección 1

Nombre _____ **Fecha** _____

Conexiones

A Los chicanos. ¿Qué aprendiste sobre los chicanos? Usa los verbos **ser** y **estar** para completar las oraciones a continuación.

1. De todos los grupos hispanos, los mexicanos _____ los que tienen la más larga asociación histórica con EE.UU.

2. El imaginario Aztlán _____ en el suroeste de EE.UU.

3. En el Tratado de Guadalupe Hidalgo, México perdió lo que hoy _____ California, Nevada, Utah, la mayor parte de Nuevo México y Arizona y partes de Colorado y Wyoming.

4. Los braceros _____ trabajadores agrícolas temporales.

5. M.E.Ch.A. _____ un grupo estudiantil.

6. Guy García _____ un periodista premiado, escritor y empresario del Internet.

7. García dice: "El futuro _____ lleno de posibilidades".

8. García cree que muchas puertas _____ abiertas para los latinos del siglo XXI.

9. El 19,6 por ciento de la población de Chicago _____ de origen hispano.

10. La población mexicana _____ situada principalmente en las comunidades de Pilsen y La Villita.

11. Los murales coloridos _____ situados en los barrios mexicanos de Chicago.

12. Los murales _____ unas de las contribuciones más importantes de los artistas mexicanos y chicanos de Chicago.

¡A practicar! 5

Nombre _____ **Fecha** _____

B **Gente del Mundo 21.** Escribe tres oraciones describiendo los chicanos estelares de la sección *Gente del Mundo 21*. Una oración debe tratar de cómo son físicamente, y la otra debe tratar de cómo crees que son (o fueron) sus personalidades. También menciona sus profesiones.

1. Carlos Santana _____
_____

2. Ellen Ochoa _____
_____

3. Sandra Cisneros _____
_____

4. Edward James Olmos _____
_____

C **Adolfo Miller.** Los siguientes adjetivos son los que usó Sabine Ulibarrí para describir los tres personajes principales del cuento **Adolfo Miller**. Ahora inventa tres personajes y escribe un párrafo breve sobre cada uno describiendo su forma de ser. Recuerda que lo interesante está en el detalle.

Adolfo: *rubio, listo, amable, guapo, macho, atrevido, sereno, callado, serio, noble, gentil, hermoso*

Francisquita: *linda, bella, atractiva*
Víctor: *elegante, culto, arrogante*

Personaje #1 _____
_____
_____

Personaje #2 _____
_____
_____

Personaje #3 _____
_____
_____

Unidad 1, Lección 1

Nombre _____ **Fecha** _____

¡Exprésate!

D **La identidad.** ¿Cómo eres? Vas a ser parte del juego "El Novio o La Novia Ideal" en tu colegio. Para poder participar, tienes que llenar este formulario. ¡Descríbete bien para que te escojan como participante! ¡Quizás conozcas al chico o a la chica de tus sueños!

¿Cómo eres? Describete.

Edad: _____ años
Talla: ☐ bajo(a) ☐ mediano(a) ☐ alto(a)
      ☐ esbelto(a) ☐ normal ☐ grande
Pelo: color _____ estilo _____
Señas particulares: _____
_____
_____
Personalidad: _____
_____
_____
_____

¿A quién quieres conocer? Describe el chico o la chica de tus sueños.

Edad: _____ años
Talla: ☐ bajo(a) ☐ mediano(a) ☐ alto(a)
      ☐ esbelto(a) ☐ normal ☐ grande
Pelo: color _____ estilo _____
Señas particulares: _____
_____
Personalidad: _____
_____
_____
_____

Unidad 1, Lección 1

Descripción física

EL PELO
corto *short*
largo *long*
liso *straight*
ondulado *wavy*
rizado, chino *curly*
Lleva el pelo suelto. *He/she wears his/hair loose.*
Lleva el pelo en cola de caballo. *He/she wears his/hair in a pony tail.*

LAS SEÑAS PARTICULARES
Es calvo(a). *He/she is bald.*
Lleva anteojos (de sol). *He/she wears (sun)glasses.*
Tiene bigote. *He has a mustache.*
Tiene hoyuelos/hoyitos. *He/she has dimples.*
Tiene pecas. Es pecoso(a). *He/she has freckles.*
Tiene un lunar debajo del ojo. *He/she has a mole beneath his/her eye.*

Descripción de personalidad

ADJETIVOS DESCRIPTIVOS
alegre *upbeat, happy*
bromista *practical joker*
buena gente *good-hearted*
callado(a) *quiet*
cortés *courteous*
egoísta *egotistical*
hablador(a) *talkative*
rebelde *rebellious*
sincero(a) *sincere*
trabajador(a) *hard-working*
travieso(a) *mischievous*
valiente *brave*

¡A practicar!

Nombre _____ Fecha _____

Vocabulario activo

Gente
el actor, la actriz *actor, actress*
la actuación *performance*
el (la) chicano(a) *Chicano, Mexican-American*
colaborar *to collaborate, to contribute*
el (la) cuentista *storyteller*
el (la) escritor(a) *writer*
el (la) inventor(a) *inventor*
legendarias *legendary*
el (la) músico *musician*
el (la) poeta *poet*
traducidas *translated*

Los orígenes
adquirir *to acquire*
el anglosajón, la anglosajona *Anglo-Saxon*
el (la) colonizador(a) *colonizer*
explorar *to explore*
el ferrocarril *railroad*
la garantía *guarantee*
la guerra *war*
poblar *to populate*
el territorio *territory*
la tierra *land; ground, earth*
el tratado *treaty; treatise*

El rápido desarrollo
El programa de braceros
el bracero *Mexican farmworker in the US from 1942–1964*
el (la) familiar *family member*
el (la) indocumentado(a) *undocumented; illegal immigrant*
repatriado(a) *repatriated*
el (la) vecino(a) *neighbor*

El Movimiento Chicano y El presente
Aztlán *mythological origin of the Aztecs*
la conciencia *conscience*
el derecho civil *civil right*
la huelga *strike*
La Causa *Chicano student movement*
M.E.Ch.A. *Movimiento Estudiantil Chicano de Aztlán*
el (la) méxicoamericano(a) *Mexican-American*
el orgullo étnico *ethnic pride*
el pasado indígena *indigenous past*
la raza *race*
el sindicato *union, syndicate*
la tradición colonizadora *colonizing tradition*

Más práctica

La clase de la Sra. Mendoza.
Todos los niños en la clase de la Sra. Mendoza son muy diferentes. ¿Puedes describirlos?

29. Adjetivos descriptivos

Unidad 1, Lección 1

Conexiones

A Gente del Mundo 21. ¿Qué sabes de los puertorriqueños estelares de la sección *Gente del Mundo 21*? Usa el presente de indicativo de los verbos indicados y verás lo que aprendiste.

1. Esmeralda Santiago _____ en inglés hoy día, pero sus obras, como *Cuando era puertorriqueña*, _____ en inglés y español. *(escribir, publicarse)*

2. Jimmy Smits _____ un gran orgullo de su origen hispano. En su trabajo de cine o televisión siempre _____ su talento y dedicación. *(sentir, mostrar)*

3. Marc Anthony _____ las salas de concierto cada vez que canta. Con sus canciones en inglés, ahora su talento _____ más allá del público latinoamericano. *(llenar, etenderse)*

4. Rosie Pérez _____ la fama con la película *Do the Right Thing* de Spike Lee. _____ su éxito en *Fearless*. *(conseguir, repetir)*

B Una amiga puertorriqueña. Raquel es neorriqueña y trata de convencer a su amiga Gabriela de que venga a visitarla en Nueva York. Completa su carta en el presente de indicativo de los verbos indicados y decide si la carta te convencería a ti a visitarla.
Párrafo 1: *pensar, recomendar, encontrar*
Párrafo 2: *oler, almorzar, servir, sentir, divertir, perder, mentir, sugerir*
Párrafo 3: *volver, adquirir*

Querida Gabriela,

Si (1)_____ viajar este verano, te (2)_____ que vengas a Nueva York. "¿Qué (3)_____ yo allí?", te oigo preguntar. Pues déjame describírtelo.

Llegas a El Barrio. (4)_____ los aromas tentadores de las comidas puertorriqueñas. (5)_____ a gusto en unos de los restaurantes que (6)_____ nuestras especialidades. (7)_____ ganas de bailar cuando oyes los sonidos vibrantes de la salsa en la calle. Te (8)_____ y (9)_____ todo sentido del tiempo. ¡No (10)_____! (11)_____ que vengas con mucho tiempo.

(12)_____ a casa cambiada, te lo prometo. (13)_____ una sensación inolvidable de la importancia de vivir la vida hoy y no mañana. ¡Anda! ¡Haz tus reservaciones!
       Con mucho cariño, Raquel

Nombre _____ **Fecha** _____

C **El Desfile.** Martín, un niño puertorriqueño de diez años, va al Desfile Puertorriqueño de Nueva York. ¿Cómo describe el día?

Párrafo 1: *convencer, decir, poner, estar*   **Párrafo 4:** *reconocer, incluir, traducir*
Párrafo 2: *suponer, saber, ofrecer, agradecer*   **Párrafo 5:** *sentirme, dar, atraer*
Párrafo 3: *caber, ver, distribuir, oír*

¡Hoy es el Desfile Anual Puertorriqueño! (1)_____ a mamá que me lleve. Le (2)_____ que he acabado mi tarea. Me (3)_____ la camiseta con la bandera puertorriqueña por enfrente y (4)_____ listo para salir.

(5)_____ que mi amiga Luci también va a ir, pero decido llamarla para asegurarme. (6)_____ que su mamá es muy estricta y a lo mejor no le da permiso. (7)_____ pasar a su casa por ella con mi mamá antes de irnos. —Te lo (8)_____ Martín —me dice entusiasmada.

Hay tanta gente que yo casi no (9)_____ en la primera fila. (10)_____ las banderas puertorriqueñas colocadas en las casas, los edificios, los negocios, por dondequiera. Un señor (11)_____ banderitas puertorriqueñas. (12)_____ la música … se acerca la primera orquesta.

(13)_____ al Gran Mariscal de los anuncios en la tele. Los padrinos (14)_____ a personas muy famosas como Willie Colón y Lisa-Lisa. Como Luci no sabe mucho español, le (15)_____ todo lo que dicen por los altoparlantes.

(16)_____ muy orgulloso de ser americano. (17)_____ un grito. ¡Que viva Puerto Rico! ¡(18)_____ mucha atención!

Unidad 1, Lección 2

Nombre _____ **Fecha** _____

¡Exprésate!

D **Álbum de fotos virtual.** Mira el álbum de fotos virtual que preparó Chayo. ¿Cómo describe sus vacaciones con su familia?

De vacaciones.

Aquí estamos mi familia y yo de vacaciones en México. Fuimos a visitar a mis abuelos que viven en las afueras de la Ciudad de México. Abuelito dice que tenemos antepasados aztecas, por parte de sus bisabuelos, y también españoles, por lado de mi abuela.

 Pulse aquí para ver más video de nuestras vacaciones en México.

Las castañuelas.

¡Abuelita me enseñó cómo tocar las castañuelas! De niña estudió flamenco y todavía tiene las castañuelas que usaba en sus espectáculos. ¡Es difícil controlar los dedos tan precisamente! Pero por fin aprendí un poco.

Pulse aquí para oírme tocar las castañuelas.

E **Recuerdos familiares.** Ahora escribe una entrada para el álbum de fotos virtual de tu familia. ¿Te acuerdas de un incidente especial que tuviste con tu familia? ¿O unas vacaciones fuera de este mundo? Busca una foto o un video de un evento familiar y describe las actividades de tu familia ese día.

_____
_____
_____
_____
_____
_____

Nombre _____ **Fecha** _____

Vocabulario activo

Gente
acelerado *accelerated*
artístico(a) *artistic*
el (la) autor(a) *author*
el (la) cantante *singer*
comunitarias *related to the community*
dedicado(a) *dedicated*
el (la) escritor(a) *writer*
inspirado(a) *inspired*
protagonizado(a) *starred in a performance*
reconocido(a) *recognized*

El Barrio de Nueva York
la bodega *food shop*
la botánica *herb shop*
el canal de televisión *television channel*
El Barrio *the common name for East Harlem in New York*
la esquina *corner*
el Este de Harlem *Spanish Harlem*
vibrante *vibrant*

Ciudadanos estadounidenses y **Una población joven**
la ciudadanía *citizenship*
el (la) ciudadano(a) *citizen*
condecorado(a) *decorated with honors*
el desafío *challenge*
educativo(a) *educational*
el estereotipo *stereotype*
las fuerzas armadas *armed forces*
el grupo étnico *ethnic group*
reclutar *to recruit, draft*
el regimiento *regiment*
superar *to overcome*

La situación actual
el (la) boricua *Puerto Rican*
la emigración *emigration*
enriquecer *to enrich*
la esperanza *hope*
inaugurar *to inaugurate, begin, open; to initiate*
el (la) investigador(a) científico(a) *scientific investigator, researcher*

Más práctica

Las relaciones familiares.
¿Puedes describir las relaciones familiares entre las personas de esta familia? ¿Quién es el abuelo de Gabriel Antonio? ¿Quién es el nieto de Ana Teresa Catalán de Fernández? Trata de describir todas las relaciones que puedas.

16. La familia

Unidad 1, Lección 2

Nombre _____ **Fecha** _____

Conexiones

A **Gente del Mundo 21.** Completa las oraciones con la forma correcta de los adjetivos y pronombres demostrativos indicados. ¡Ojo con el género, el número y el acento!

1. _____ chicas quieren pedirle el autógrafo a Andy García. _____ muchachos también lo esperan. *(aquel, ese)*

2. _____ libro de Óscar Hijuelos me gustó mucho. _____ de Sandra Cisneros también me gustó bastante *(este, aquel)*

3. Óscar Hijuelos escribió _____ dos novelas: *Nuestra casa en el último mundo* y *Los reyes del mambo tocan canciones de amor*. _____ última fue llevada al cine con el título de *The Mambo Kings*. *(este, este)*

4. La generación de mujeres cubanoamericanas incluye a personas prominentes. Fíjate, _____ es Ileana Ros-Lehtinen y _____ es Soledad O'Brien. *(ese, aquel)*

5. _____ señores recuerdan a Soledad O'Brien cuando empezó a trabajar en la radio. *(este)*

6. Ileana Ros-Lehtinen sirvió como congresista y está orgullosa de haber tenido _____ oportunidad. *(ese)*

B **Generación Ñ** ¿Puedes completar las oraciones sobre la revista *Generación Ñ*, dirigida principalmente a los jóvenes latinos? Usa los comparativos y superlativos de la lista.

sumamente   el / la / más / del   mayor   altísimo
más de   tanto ...   mejor   como ...

1. La revista *Generación Ñ* ofrece _____ artículos culturales _____ deportivos.

2. Bill Teck piensa que la _____ manera de llegar al público latino es a través de publicaciones de _____ calidad.

3. Es _____ importante reconocer que los latinos forman una parte de la población y que su deseo de éxito es _____ .

4. Teck cree que la fama para los latinos será _____ 15 minutos.

5. Teck piensa que *Generación Ñ* será _____ revista latina de _____ éxito _____ momento.

Unidad 1, Lección 3

¡A practicar!   13

Nombre _____ Fecha _____

C **Cristina.** ¿Ves el show de Cristina en la tele? Si contestas que sí, ya sabes que Cristina trata de temas cómicos, controvertidos, culturales, políticos, económicos, en realidad, de todo. Imagina que eres el productor del show de Cristina. Tienes que inventar seis temas para su programa, usando comparativos o superlativos, ¡por supuesto! Aquí te damos algunos ejemplos.

Los mejores atletas latinos   El hombre más egoísta del mundo
¿Es tu trabajo más importante que tus amigos?

más popular que   mayor   más divertido que
mejor   MÁS EMOCIONANTE QUE   peor
menos interesante que   tan elegante como
    tantos amigos como   menor
MENOS ATRACTIVO QUE

_____
_____
_____
_____
_____
_____

14 Unidad 1, Lección 3

Nombre _____ Fecha _____

¡Exprésate!

D **Tus pasatiempos.** Esta página aparece en una revista latinoamericana. En ella, jóvenes de todo el mundo buscan amigos por correspondencia. Para saber con quién les gustaría corresponder, los jóvenes se describen a sí mismos a través de sus intereses y pasatiempos favoritos.

¿Cómo te describirías? ¿Cuáles son las actividades que capturan tu personalidad? Lee las entradas de los chicos y decide con quién te gustaría corresponder. Luego, descríbete a ti mismo(a).

Unidad 1, Lección 3

Y tú,

Nombre y edad: Ana María Alatorre (15 años)
Dirección: Entrega General, Colón, República de Panamá
Pasatiempos: chismear por teléfono, coleccionar videos de música, comprar cosas raras, patinar

Nombre y edad: Angélica Becerra Navarro (17 años)
Dirección: 5ta Avenida "B", 32–67, Zona 19, Col. 1 de Julio, Guatemala
Pasatiempos: actuar, hacer caminatas, coleccionar todo sobre Cristián, H2O y Menudo, y hacer nuevos amigos

Nombre y edad: Óscar Oswaldo Arriola (18 años)
Dirección: Brasil #246, B Güemes, Córdoba, Argentina, C.P. 5000
Pasatiempos: todo lo relacionado con la música, dibujar, salir a divertirme, coleccionar pósters de cantantes latinos

Nombre y edad: Cristián Corona Saénz (19 años)
Dirección: Pie de la Popa, Callejón Móntez, #17D, 167 Cartagena, Colombia
Pasatiempos: armar rompecabezas, estudiar idiomas, explorar el Internet, conocer amigos vía correo electrónico

Nombre y edad: _____
Dirección: _____
Pasatiempos: _____
_____
_____
_____

¿quién eres?

¡A practicar! **15**

Vocabulario activo

Gente
alejando *moving away from*
la capacidad *capacity*
la coalición *coalition*
cubanoamericano(a) *Cuban American*
elegido(a) *elected*
elegir *to elect*
entusiasmo *enthusiasm*
partidista *partisan*
penetrante *penetrating, piercing*
la telelocutora *female TV announcer*
el título *title*

Los primeros refugiados cubanos y Muchas fuentes de trabajo
empleado(a) *employed*
el exilio *exile, banishment*
la fuente de trabajo *source of work*
el incentivo *incentive*
lograr *to achieve, obtain*
proporcionar *to supply, provide*
el (la) recién llegado(a) *new arrival*
el (la) refugiado(a) *refugee*
el sistema comunista *Communist system*
la vivienda *housing*

Los marielitos*
la adaptación *adaptation*
el apoyo *help, assistance*
la clase media *middle class*
la clase menos acomodada *lower class*
embarcarse *to embark, go aboard*
el marielito *Cuban refugee of 1980*

*Balsero is the current term used for the emigrants that continue to arrive on rafts from Cuba.

El éxito cubano
el (la) banquero(a) *banker*
bilingüe *bilingual*
financiero(a) *financial*
fervientemente *fervently, earnestly*
la preocupación *preoccupation, concern*
el régimen *regime, system*
la transacción *transaction*
vehemente *vehement, impassioned*

Más práctica

Diversiones. Es sábado en este pueblo. Todo mundo se está relajando. ¿Puedes describir las actividades de las personas en el dibujo? ¿Qué hacen? ¿Cuáles son sus pasatiempos favoritos?

23. Las diversiones y los pasatiempos

Unidad 1, Lección 3

Unidad 2, Lección 1

Nombre _____ **Fecha** _____

Conexiones

A **Gente del Mundo 21.** ¿Qué aprendiste de los personajes importantes de la historia española? Completa las oraciones con la forma correcta del pretérito de los verbos indicados.

1. El Cid Campeador _____ en Vivar, Burgos. _____ varias campañas militares contra los musulmanes. _____ a todo enemigo y por eso se considera el prototipo del héroe épico español. *(nacer, armar, conquistar)*

2. Alfonso X el Sabio _____ al trono en 1252. La cultura _____ bajo su dirección. Alfonso X _____ la traducción de antiguos textos clásicos al castellano. *(subir, florecer, motivar)*

3. El matrimonio entre Isabel y Fernando _____ a los reinos de Castilla y de Aragón. Bajo su reinado, _____ Granada, el último reino musulmán en España. Los Reyes Católicos _____ a Cristóbal Colón en su expedición a América. *(unir, caer, apoyar)*

4. Santa Teresa de Jesús _____ su vida a lo espiritual. _____ diecisiete conventos en su vida. _____ la distinción de ser canonizada, la primera mujer reconocida de esta manera. *(dedicar, establecer, recibir)*

B **Las maravillas de España.** Completa los comentarios de varias personas que visitaron distintos sitios en España. Pon los pronombres de objeto directo e indirecto que hacen falta.

1. _____ encantó la Alhambra de Granada. *(a mí)*

2. El guía turística _____ explicó que Al-Hamra en árabe significa "La Roja". *(a nosotros)*

3. ¿Qué _____ gustó _____ del viaje a España? *(a ti)*

4. _____ pareció fascinante la ilusión óptica que crea la infinidad de arcos en la mezquita de Córdoba. *(a mi hermana)*

5. Luego _____ llevaron a La Giralda de Sevilla. *(a nosotros)*

6. Saqué muchas fotos y _____ mandé a mi familia en California. *(a mi familia)*

7. En este momento _____ estoy escribiendo una tarjeta postal a mis padres. *(a mis padres)*

8. Las cuevas de Altamira son muy famosas. _____ mostraré con mucho gusto. *(a los turistas)*

¡A practicar! 17

Nombre _____ **Fecha** _____

C **La versión de Sancho.** Sancho describe el incidente entre don Quijote y los molinos de viento desde su punto de vista. ¿Puedes completar la historia con el pretérito de los verbos indicados?

1. descubrir: nosotros
2. verlos
3. preguntarle: yo
4. responderle: yo
5. responderme: él
6. atacar: él
7. levantarse
8. empezar
9. arrancarse
10. tratar: él
11. volver
12. tumbar
13. correr: yo
14. llegar: yo
15. encontrar: yo
16. suplicarle: yo
17. convertirlos
18. ayudarle: yo

(1)_____ treinta o cuarenta molinos de viento. Cuando don Quijote (2)_____ me dijo: —¿Ves esos monstruos gigantes? Pienso hacerles batalla y quitarles la vida.

—¿Qué gigantes? —(3)_____.

—Aquéllos que están allí. ¡Mírale los brazos! ¡Larguísimos!, ¿no?

(4)_____: —No son gigantes, sino molinos de viento. Y los brazos no son más que aspas. —(5)_____: —¿Tú qué sabes? No sabes nada de las aventuras. Quítate que voy a empezar la batalla.

Y con eso, (6)_____ a los gigantes.

(7)_____ un poco de viento y las grandes aspas (8)_____ a moverse. Con la lanza lista, don Quijote (9)_____ a todo galope y (10)_____ de matar al primer molino. (11)_____ el viento con tanta furia que (12)_____ a Don Quijote de su caballo. (13)_____ a ayudarlo, pero cuando (14)_____, (15)_____ que pobre don Quijote no podía moverse.

—Oiga, ¡vuestra merced está loco! Son molinos, ¡no gigantes!— (16)_____ que no los atacara.

—No lo creas. Aquel Frestón (17)_____ a molinos a último momento. Me odia. Así cree que me quita la gloria de la victoria.

(18)_____ a levantarse, se subió a Rocinante de nuevo y nos fuimos en busca de más aventuras.

Unidad 2, Lección 1

Nombre _____ **Fecha** _____

¡Exprésate!

D **En el aeropuerto.** Has decidido hacer un viaje a Madrid. ¿Qué tienes que hacer? Estudia las palabras y usa lo que sabes de viajar para traducir las frases al inglés.

¿Qué tienes que hacer primero?

Llamar a la agencia de viajes y hacer una reservación.
_____
_____

Comprar un boleto (o billete) de clase turista o de primera clase.
_____

Pedir un asiento al lado de la ventanilla o al lado del pasillo.
_____

¿Qué necesitas?

El pasaporte. _____
Las maletas. _____
Los cheques de viajero o la tarjeta de crédito.
_____

El boleto (o billete) de pasaje.
_____

¿Qué haces en el aeropuerto?

Vas al mostrador de tu aerolínea.
_____

Facturas tu equipaje.
_____

Cambias tu boleto por una tarjeta de embarque.
_____

Buscas la puerta de dónde sale tu avión.
_____

Le pones atención a los anuncios.
_____

Abordas cuando anuncian tu vuelo.
_____

¿Qué haces al llegar a Madrid?

Reclamas tu equipaje con tus comprobantes.
_____

Pasas por la aduana.
_____

Buscas la salida.
_____

E **El turista que no sabe nada.** ¿Puedes ayudarle a este pobre turista que no sabe qué hacer? Están en Barajas, el aeropuerto internacional de Madrid. Dile lo que tiene que hacer.

MODELO   *Tú:* ¿Ya compró su boleto?

Tú: _____   *Tú:* _____

Tú: _____

Tú: _____

Unidad 2, Lección 1

¡A practicar!   19

Nombre _____   Fecha _____

Vocabulario activo

Gente
antiguo(a) *ancient, old*
castellano(a) *Castillian; of Castille*
el (la) descendiente *descendant*
el héroe, la heroína *hero, heroine*
el héroe épico *epic hero*
la ley *law*
el (la) protagonista *protagonist*
la Reconquista *Reconquest (of Spain)*
la reina *queen*
el reino *kingdom*
el rey *king*
los Reyes Católicos *King Ferdinand and Queen Isabel*
el siglo *century*
el trono *throne*

Los primeros pobladores
celta *Celtic*
la costa mediterránea *Mediterranean Coast*
la cueva de Altamira *the Altamira cave*
el desarrollo *development*
fenicio(a) *Phoenician*
la invasión *invasion*
la navegación *navigation; sailing*
la península *peninsula*

La Hispania romana y La España musulmana
el acueducto *aqueduct*
la ayuda *help, aid*
la carretera *highway, public road*
conquistar *to conquer*
la crisis *crisis*
el cristianismo *Christianity*
el Imperio Romano *Roman Empire*
islámico(a) *Islamic*
musulmán, musulmana *Moslem*
procedente *coming, originating, proceeding*
próspero(a) *prosperous, successful*
el puente *bridge*
la tolerancia *tolerance*
visigodo(a) *Visigoth*

La Reconquista
la expulsión *expulsion, expelling, ejecting*
rehusar *to refuse*

sefardita *Sephardic*
la tropa *troop*
la unidad política *political unity*
la unidad territorial *territorial unity*

España como potencia mundial
abdicar *to abdicate; to give up*
la caída *fall, downfall, collapse*
el colapso *collapse*
el dominio *dominion, domain, territorial possession*
eficaz *efficacious, effective*
el emperador *emperor*
la emperatriz *empress*
extenso(a) *extensive; far-reaching*
la herencia *inheritance, heritage*
la inflación *inflation*
el oro *gold*
la plata *silver*
el poder militar *military power*
el protestantismo *Protestantism*
reunir *to reunite; to bring togethe*
sobresaliente *outstanding*

Más práctica

Los medios de transporte.
Acabas de llegar a este pueblo de España. Tienes que visitar a varias personas y lugares. ¿Cómo prefieres ir?

21. Los medios de transporte

Unidad 2, Lección 2

Nombre _____ **Fecha** _____

Conexiones

A El sábado. Maribel, una chica española, le cuenta a una amiga lo que hizo ayer por la noche con sus amigos. Completa su parte de la conversación telefónica. Usa el pretérito de los verbos indicados.

1. Alfredo _____ boletos para la película *Mujeres al borde de un ataque de nervios. (conseguir)*

2. Nos _____ que lo acompañáramos. *(pedir: él)*

3. ¿La has visto? Antonio Banderas actúa en ella. El director, Almodóvar, lo _____ tan raro que es casi imposible reconocerlo. *(vestir)*

4. _____ bastante. *(reírse: nosotros)*

5. Magdalena y Roberto _____ ir a otra película. *(preferir)*

6. Dice Magdalena que ella _____ mucho. *(divertirse)*

7. Pero Roberto dice que _____ aburrido. *(sentirse: él)*

8. _____ en el cine y Magdalena tuvo que despertarlo. ¡Qué vergüenza! *(dormirse: él)*

B La educación del futuro. Valeria, una estudiante de la escuela secundaria en Madrid, le escribe este correo electrónico a una amiga en Valencia después de su primer día de clases. Completa su carta con el pretérito de los verbos indicados.

Para:	Olga33	Copias a:	
De:	Valeria17		
Tema:	Mi primer día de clases	Archivo:	

¡Hola! Hoy _____ *(tener)* mi primer día de clases. _____ *(irme)* temprano de casa para llegar a tiempo _____ *(andar)* por todas partes hasta encontrar el aula donde tenía mi clase de español. _____ *(tener)* que llevar aquel diccionario pesadísimo que compramos juntas. _____ *(ponerme)* inquieta al no ver al profesor. Él no _____ *(poder)* llegar antes. Un compañero me _____ *(decir)* que no debía preocuparme ya que cada estudiante trabajaba en la computadora por su cuenta. _____ *(estar)* allí por cinco horas. _____ *(hacer)* todas las actividades. ¡Imagínate! Pero lo mejor de todo es que no _____ que usar mi diccionario tan pesado porque hay uno en CD-Rom. Mañana te cuento más.

¡A practicar!

Nombre _____ Fecha _____

 Picasso. Juan Diego acaba de regresar de España donde pudo ver muchas obras de Picasso, incluso el Guernica. ¿Qué dice de su experiencia? Puedes usar el pretérito o el presente de indicativo para completar sus pensamientos.

MODELO a mí / agradar mucho / los cuadros de Picasso
(A mí) Me agradan mucho los cuadros de Picasso.

1. a mí / especialmente / encantar / su período cubista
   _____

2. a la gente / doler / mucho / la violencia cometida / en Guernica
   _____

3. a Picasso / indignar / el bombardeo / y / la destrucción de Guernica
   _____

4. ¿no / a ti / fascinar / la historia / de los viajes del Guernica?
   _____

5. a Picasso / importar demasiado / que su obra no regresara a España
   _____

6. a Picasso / interesar / la oferta de los intelectuales españoles que contribuyera un mural / a la Exposición Universal
   _____

7. a Picasso / ofender / que quisieran usar / su obra / como propaganda
   _____

8. a mí / sorprender / que el Guernica / no volvió / a España / hasta 1981
   _____

9. a mí / quedar / ganas de estudiar más / el arte de Picasso
   _____

10. a nosotros / parecer / intolerable / lo que pasó / durante / la guerra civil de España
    _____

Nombre _____ **Fecha** _____

¡Exprésate!

D **En el hotel.** Primero estudia el vocabulario y luego completa el diálogo entre tú y la recepcionista del Hotel San Ángel. Te estás registrando y la recepcionista te hace preguntas sobre tus preferencias.

¿Dónde te vas a quedar?	¿Qué tipo de habitación deseas?
en un albergue juvenil *youth hostel* en un hostal o una posada *guest house, inn* en una pensión *boarding house* en un hotel barato *inexpensive hotel* en un hotel de lujo *luxury hotel* en un parador de turismo *government-owned hotel*	¿Un cuarto individual o doble? *single or double?* ¿Un cuarto con una cama o dos camas? *one bed or two?* ¿Un cuarto con televisor y teléfono? *with television and telephone?* ¿Un cuarto con baño privado o con ducha? *with a private bath or shower?* ¿Un cuarto con aire acondicionado? *with air conditioning?* ¿Un cuarto con vista al mar? *with a view of the ocean?*

Recepcionista: Buenas tardes. ¿En qué puedo servirle?

Tú: _____

Recepcionista: ¿Qué tipo de habitación desea?

Tú: _____

Recepcionista: Tenemos un cuarto con teléfono, pero sin televisor. ¿Le parece bien?

Tú: _____

Recepcionista: ¿Prefiere baño privado?, o ¿no le hace falta?

Tú: _____

Recepcionista: Puede escoger entre un cuarto que tiene vista al mar sin aire acondicionado, o un cuarto con aire acondicionado pero con vista poco agradable.

Tú: _____

Recepcionista: Muchas gracias. Aquí está la llave del cuarto #387. Que pase buena noche.

¡A practicar!

Nombre _____ **Fecha** _____

Vocabulario activo

Gente
el campeonato, *championship*
el estrellato *stardom*
el (la) golfista *golf player*
el (la) iberoamericano(a) *Ibero-American*
infantil *infant, related to children*
ingresar *to join, to become a member*
el (la) nieto(a) *grandson, granddaughter*
el premio *prize*
recuperarse *to recuperate*
el (la) sucesor(a) *successor*
el torneo *tournament, competition*

El Siglo de Oro
la calidad *quality*
la comedia *comedy*
la decadencia *decadence, decline*
excepcional *exceptional*
el idealismo *idealism*
el poeta místico *mystical poet*
el realismo *realismo*
sobresalir *to stand out, excel*
la tragedia *tragedy*

Los Borbones y La invasión francesa
la academia *academy*
la avenida *avenue*
la colonia *colony*
imponer *to impose, force upon*
invadir *to invade*
los jardines *gardens*
las modas *customs, styles, fashions*
la monarquía *monarchy*
neoclásico(a) *neoclassical*
el testimonio *testimony, proof, evidence*

España: siglo XX
coronar *to crown; to honor*
el destino *destiny*
la Guerra Civil *civil war*
industrializado(a) *industrialized*
la rebelión *rebellion*

Más práctica

De viaje. Estás de vacaciones en este pueblito mexicano. ¿Qué haces? ¿Adónde vas? ¿Qué compras en cada lugar?

13. Las tiendas

24 Unidad 2, Lección 2

Unidad 2, Lección 3

Nombre _____ **Fecha** _____

Conexiones

A **La producción de una película.** ¿Qué hacían estas personas a través de la producción de una película?

MODELO   director: seleccionar a los actores
        El director seleccionaba a los actores.

1. productor: conseguir dinero
   _____

2. directora y camarógrafo: decidir dónde poner las cámaras
   _____
   _____

3. guionista: escribir el guión cinematográfico
   _____

4. director de música: seleccionar la música
   _____

5. publicistas: crear la publicidad
   _____

6. directora: decidir en qué debe o no debe enfocar la cámara
   _____

7. directora: decirles a los actores cómo actuar
   _____

8. ingeniero de sonido: controlar el sonido
   _____

9. directora y camarógrafo: determinar la cantidad y el tipo de luces necesarias
   _____
   _____

¡A practicar!   25

Nombre _____ **Fecha** _____

B **La escena.** Tienes que escribir la narración para una película. La escena que estás describiendo tiene lugar en un restaurante. Estás describiendo el evento en el pasado. ¡Ojo con el pretérito y el imperfecto!

MODELO <u>Era</u> un día lluvioso. *(ser)*

1. _____ a ver una película. *(ir: nosotros)*
2. Después de la película, _____ mucha hambre. *(tener: nosotros)*
3. _____ un restaurante francés. *(escoger: nosotros)*
4. _____ animadamente. *(charlar: nosotros)*
5. _____ fuerte, a carcajadas a veces. *(reírnos)*
6. _____ lentamente, como si tuviéramos mucho tiempo. *(comer: nosotros)*
7. Nos _____ el camarero con impaciencia. *(mirar)*
8. _____ feliz. *(sentirme: yo)*
9. _____ todo sentido del tiempo. *(perder: nosotros)*
10. El camarero tuvo que decirnos que _____ tiempo de irnos. *(ser)*
11. ¡_____ los únicos clientes en el restaurante! *(ser: nosotros)*

C **El producir una película.** Usa el infinitivo y escribe una oración usando los elementos indicados. ¡Sé creativo(a)! Como ya sabes, hay varias formas de usar el infinitivo.

MODELO seleccionar a los actores / responsabilidad del director
El seleccionar a los actores es la responsabilidad del director.

1. conseguir dinero / para una película / no ser / nada fácil
   _____

2. camarógrafo / ayudarle al director / a decidir dónde poner las cámaras
   _____

3. yo / soñar con / escribir un guión cinematográfico
   _____

4. director de música / insistir en / seleccionar la música
   _____

5. director / contar con los publicistas / para / crear la publicidad
   _____

6. al / decirles a los actores cómo actuar / director / ayudarles con su interpretación
   _____

Nombre _____ **Fecha** _____

¡Exprésate!

Camarero(a) *waiter, waitress*
Mesero(a) *waiter, waitress*
Sr., Sra., Srta. *Mr., Mrs., Miss*
¿Podría traerme el menú? *Could you please bring me the menu?*
¿Cuáles son las especialidades de la casa? *What are the specialties of the house?*
¿Qué recomienda como aperitivo? *What do you recommend as an appetizer?*
¿Qué recomienda como plato principal? *What do you recommend as the main course?*
¿Es picante? *Is it spicy?*
¿Es pesado o ligero? *Is it heavy or light?*
¿Qué hay para tomar? *What do you have to drink?*
¿Podría traerme un refresco de ...? *Could you please bring me a ... soft drink?*
Soy alérgico(a) a(l) ... ¿No contiene ... el plato? *I'm allergic to ... Does the meal contain ...?*
De postre, tráigame un ... *For dessert, please bring me ...*
La cuenta, por favor. *The check, please.*
¿Aceptan tarjeta de crédito o cheques de viajero? *Do you accept credit cards or traveller's checks?*

D **En el restaurante La Castellana.** Estás en el restaurante La Castellana con dos amigos. Escribe la conversación entre la camarera, tú y tus amigos.

Camarera: _____

Tú: _____

Camarera: _____

Tú: _____

Camarera: _____

Tu amigo(a): _____

Camarera: _____

Tu amigo(a): _____

Camarera: _____

Tú: _____

Camarera: _____

Tú: _____

Camarera: _____

Tu amigo(a): _____

Camarera: _____

Unidad 2, Lección 3

¡A practicar!

Nombre _____ **Fecha** _____

Vocabulario activo

El nuevo cine español
la complejidad *complexity*
contemporáneo(a) *contemporary*
convertirse (en) *to become*
el espejo *mirror*
extranjero(a) *foreign*
reflejar *to reflect*

Más práctica

El restaurante El Pescador.
Imagínate que estás en el restaurante El Pescador. ¿Qué pedirías? ¿Qué le dirías al camarero? ¿Qué crees que pidieron las personas en el dibujo?

20. Los restaurantes y los cubiertos

28 Unidad 2, Lección 3

Unidad 3, Lección 1

Nombre _____ **Fecha** _____

Conexiones

A Tiempo libre. ¿Puedes completar la narración sobre el cuento *Tiempo libre*? Usa el pretérito o el imperfecto de los verbos indicados, según sea necesario.

1. Todas las mañanas el señor _____ el periódico. *(comprar)*
2. Todas las mañanas _____ el periódico. *(leer)*
3. Todas las mañanas _____ los dedos con tinta. *(mancharse)*
4. Nunca le _____ ensuciárselos. *(importar)*
5. Pero esa mañana _____ un gran malestar cuando apenas _____ el periódico. *(sentir, tocar)*
6. _____ que solamente _____ de unos de sus acostumbrados mareos. *(creer, tratarse)*
7. _____ el importe del diario y _____ a su casa. *(pagar, regresar)*
8. _____ en su sillón favorito y _____ a leer la primera página. *(acomodarse, ponerse)*
9. _____ al doctor. *(llamar)*
10. _____ por teléfono cuando _____ que la mancha no _____ mancha, sino letritas minúsculas. *(hablar, notar, ser)*
11. _____ al periódico. Ellos lo _____ y él _____. *(llamar, insultar, colgar)*
12. Las letritas _____ hasta su cintura. *(avanzar)*
13. _____ más y más. *(asustarse)*
14. _____ bocarriba. *(caerse)*
15. _____ un ruido. *(escuchar)*
16. Su esposa _____ la puerta. *(abrir)*
17. _____ que _____ su salvación. *(pensar, llegar)*
18. Su esposa lo _____ del suelo y _____ a leer. *(levantar, ponerse)*

¡A practicar! 29

Nombre _____ **Fecha** _____

B El arte mexicano.
Pablo estudió el arte mexicano el verano pasado. Completa la entrada que escribió en su diario después de ver una exposición del arte de Frida Kahlo.

Anoche _____ *(ir)* a una exposición del arte de Frida Kahlo. El verano pasado _____ *(estudiar)* arte en México y los estudiantes siempre _____ *(hablar)* de ella. A menudo yo _____ *(ir)* a los museos de la Ciudad de México. Generalmente _____ *(pasar)* dos o tres horas en el museo. Frecuentemente _____ *(ver)* a otros estudiantes de la clase de arte en algunos de los museos.

Me _____ *(gustar)* el arte precolombino más que el arte moderno por lo general. Pero a veces me _____ *(asombrar)* la belleza de las obras modernas, como las de Frida. Hace un mes mi hermana me _____ *(regalar)* un libro sobre su vida. Ayer _____ *(empezar)* a leerlo. En algún momento durante la noche, _____ *(empezar)* a entender su sufrimiento.

C Opiniones.
Completa las preguntas y opiniones que siguen con los adjetivos y pronombres posesivos correctos. Sigue el modelo.

MODELO   (de usted)
   La noche de Tlatelolco es mi libro favorito de Poniatowska. ¿Cuál es **el suyo**?

1. (de él)
   Nuestro disco favorito de Luis Miguel es *Romance*. ¿Cuál es _____?

2. (de ella)
   _____ película exitosa fue titulada *Verano peligroso*. ¿Cuál es el título de _____ último disco?

3. (de ti)
   Sus padres son de origen mexicano. ¿Cuál es el origen de _____?

4. (de nosotros)
   Entre _____ favoritos artistas mexicanos están Diego Rivera y Frida Kahlo. ¿Son tus favoritos también?

5. (de él)
   Las pinturas de Frida Kahlo reflejan su dolor y su sufrimiento. Pero las pinturas de Diego no. _____ reflejan lo político.

6. (de mí)
   La ciudad favorita de mi mamá en todo México es la Ciudad de México. _____ es Cuernavaca.

Nombre _____ **Fecha** _____

¡Exprésate!

El zapato
- la lengueta
- los cordones
- el talón (o tacón)
- la suela

- el gorro
- la gorra
- la bufanda
- la chamarra
- la cazadora
- los guantes
- las botas para la nieve

La blusa y el chaleco
- las mangas cortas
- el botón
- el bolsillo

La camisa
- el cuello
- las mangas largas
- el puño

La tela es de:
- el algodón *cotton*
- el cuero *leather*
- la lana *wool*
- el lino *linen*
- el poliéster *polyester*
- la seda *silk*

D **¿Qué me pongo?** Vas a salir con unos amigos a un baile, o a la playa, o a esquiar, o a algún otro sitio. ¿Cómo te vas a vestir? Primero decide adónde vas y luego describe la ropa que te vas a poner.

Mis amigos me invitaron a _____

_____

_____

_____

_____

Unidad 3, Lección 1

¡A practicar!

Vocabulario activo

Gente
la actriz *actress*
el análisis *analysis*
el (la) cantante *singer*
distinguirse *to stand out, to distinguish*
el ensayo *essay*
galardonado(a) *awarded*
el ídolo *idol*
la masacre *massacre*
el periodismo *journalism*
el periodista *journalist*
el poeta *poet*
la Segunda Guerra Mundial *Second World War*

Los orígenes mesoamericanos
la civilización *civilization*
costeño(a) *coastal, from the coast*
cultivar *to cultivate, grow*
el frijol *bean*
fundar *to found, establish*
el jitomate *type of tomato*
el maíz *corn*
mesoamericano(a) *Middle (Central) American*
el núcleo urbano *urban center*
prosperar *to prosper; to be successful*
la región *region, area*

La conquista española
el beneficio *benefit; profit, gain*
caer *to fall; decline*
comandar *to command*
el conflicto *conflict*
emplumado(a) *feathered*
establecer *to establish*
la expedición *expedition*
la llegada *arrival*
el mito *myth*
la mitología *mythology*
el oriente *east; the orient*
prometer *to promise*
Quetzalcóatl *mythical Mesoamerican god*
la serpiente *serpent*
el sitio *siege; place, location*
el Virreinato de la Nueva España *Viceroyalty of New Spain*

México independiente en el Siglo XIX
el (la) campesino(a) *country person; peasant*
ceder *to yield, give over, give up*
el colono *colonist, settler*
derrotar *to defeat, beat*
la estabilidad *stability*
forzar *to force*
la fuerza *strength, power, force*
por la fuerza *by force*
el golpe de estado *coup d'état*
huir *to flee, run away*
la independencia *independence*
la insurrección *insurrection, uprising*
la lucha armada *armed battle*
la mitad *half*
progresista *progressive*
promover *to promote*
salvar *to save, rescue*
triunfante *triumphant*

La Revolución Mexicana
el corrido *type of popular Mexican song*
cruzar *to cross*
la década *decade*
durar *to last, endure*
la frontera *frontier, border*
la nacionalización *nationalization*
el Partido Revolucionario Institucional (PRI) *Institutional Revolutionary Party (Mexico)*
el período *period, space of time*
la población *population*
por ciento *percent*
las raíces culturales *cultural roots*
la repartición *distribution, division*
la revolución *revolution*
revolucionario(a) *revolutionary*
violento(a) *violent*

México contemporáneo
acelerar *to accelerate, speed up*
actual *current; present*
la actualidad *present time*
contaminado(a) *polluted, contaminated*
diversificar *to diversify*
el milagro *miracle*
poblado(a) *populated*
reducir *to reduce; to diminish*
último(a) *last, final, latest*
urbanizado(a) *urbanized*

12. La ropa

Más práctica

La moda de hoy. ¿Puedes describir la ropa de todas las personas en el dibujo? ¿Te gustan los estilos? ¿Qué traes puesto tú hoy? Por lo general, ¿cómo se visten los jóvenes de hoy para ir al colegio? ¿al cine? ¿a los partidos deportivos? ¿a los bailes?

Unidad 3, Lección 2

Nombre _____ **Fecha** _____

Conexiones

A **Fragmentos.** Usa las expresiones indefinidas y negativas de la lista para completar los fragmentos de conversación que oyes cuando estás de viaje en Guatemala.

MODELO —¿Sabes <u>algo</u> de la civilización maya?
—No. No sé <u>nada</u> de ella.

Lista: tampoco, alguien, nunca, jamás, nada, nadie, siempre, algo, nunca jamás, cualquiera, o...o, alguna vez, alguno, ni...ni, ninguno

1. —_____ dejó su cámara en el autobús.
 —Será de Roberto. _____ anda dejando cosas por dondequiera.

2. —¿_____ has visitado _____ ruina maya?
 —No, _____ en mi vida.

3. —_____ he visto un ejemplo de la escritura maya.
 —Yo _____.

4. —No tengo _____ idea de dónde estamos.
 —Ay, pregúntale a _____.

5. —_____ vamos al museo _____ vamos a las ruinas.
 —No puedo ir _____ al museo, _____ a las ruinas. Tengo una cita.

B **Viaje a Guatemala.** Sara fue a Guatemala. ¿Qué dice que hizo? Sigue el modelo.

MODELO yo / estar en Guatemala / visitar la zona arqueológica de Dos Pilas
Cuando estaba en Guatemala, visité la zona arqueológica de Dos Pilas.

1. yo / visitar las ruinas / comprar unos recuerdos de la civilización maya
   _____

2. yo / estudiar el Popol Vuh / entender por qué los mitos del pueblo quiché son tan fascinantes
   _____
   _____

3. yo / leer sobre las aventuras de Hunahpú e Ixbalanqué / ver la conexión entre los héroes mitológicos y los héroes de hoy
   _____
   _____

4. yo / estar en Guatemala / ir a Antigua
   _____

5. yo / estar en Antigua / comprar muchos regalos
   _____

¡A practicar!

Nombre _____ **Fecha** _____

C Rigoberta Menchú Tum. Completa la historia de Rigoberta Menchú Tum, la mujer valiente que triunfó sobre las fuerzas crueles del destino. Usa el pretérito y el imperfecto, según el contexto.

1. _____ tiempos muy violentos cuando Rigoberta _____ en una aldea en el norte de Guatemala. *(ser, nacer)*

2. Desde muy niña _____ en la cosecha de algodón y café. *(trabajar)*

3. Luego ella _____ a la Ciudad de Guatemala donde todo los días _____ las tareas del servicio doméstico. *(viajar, cumplir)*

4. Hasta los veinte años, Rigoberta _____ sólo quiché, pero _____ con un futuro mejor. *(hablar, soñar)*

5. Entonces _____ que para informar a otros de la opresión debía aprender español. *(decidir)*

6. Años más tarde _____ la historia de su vida a una escritora que la _____ en español. *(relatar, publicar)*

7. El libro *Me llamo Rigoberta Menchú y así me nació la conciencia*, _____ en 1983. *(aparecer)*

8. A pesar de que su vida _____ llena de tragedias, ella _____ en bien de los demás. *(estar, trabajar)*

9. Mientras Rigoberta _____ la justicia para los indígenas y mestizos pobres de Guatemala, ella _____ de lograr la participación de todos. *(buscar, tratar)*

10. Durante su lucha, Rigoberta _____ el diálogo y la participación, y _____ la confrontación. *(apoyar, rechazar)*

11. Rigoberta _____ a favor de los derechos humanos. Por ese motivo, en 1992 _____ el Premio Nóbel de la Paz. *(luchar, ganar)*

12. Cuando _____ el premio Nóbel, cinco y medio millones de indígenas guatemaltecos _____ la esperanza de un futuro mejor. *(recibir, ganar)*

34 **Unidad 3, Lección 2**

Nombre _____ Fecha _____

¡Exprésate!

D **La imagen deportiva.** Lee este anuncio sobre la ropa deportiva.

El ejercicio y los deportes

son parte básica de la vida escolar. Aquí hay algunas sugerencias para tu imagen deportiva. La rutina básica: unos pants, la sudadera, la chamarra, los tenis, una camiseta y los básicos shorts.

La comodidad es cualidad indispensable para deportes como el tenis, la gimnasia y los ejercicios aeróbicos. Un consejo: elige colores que te hagan ver muy bien pero que también puedan resistir el trabajo duro.

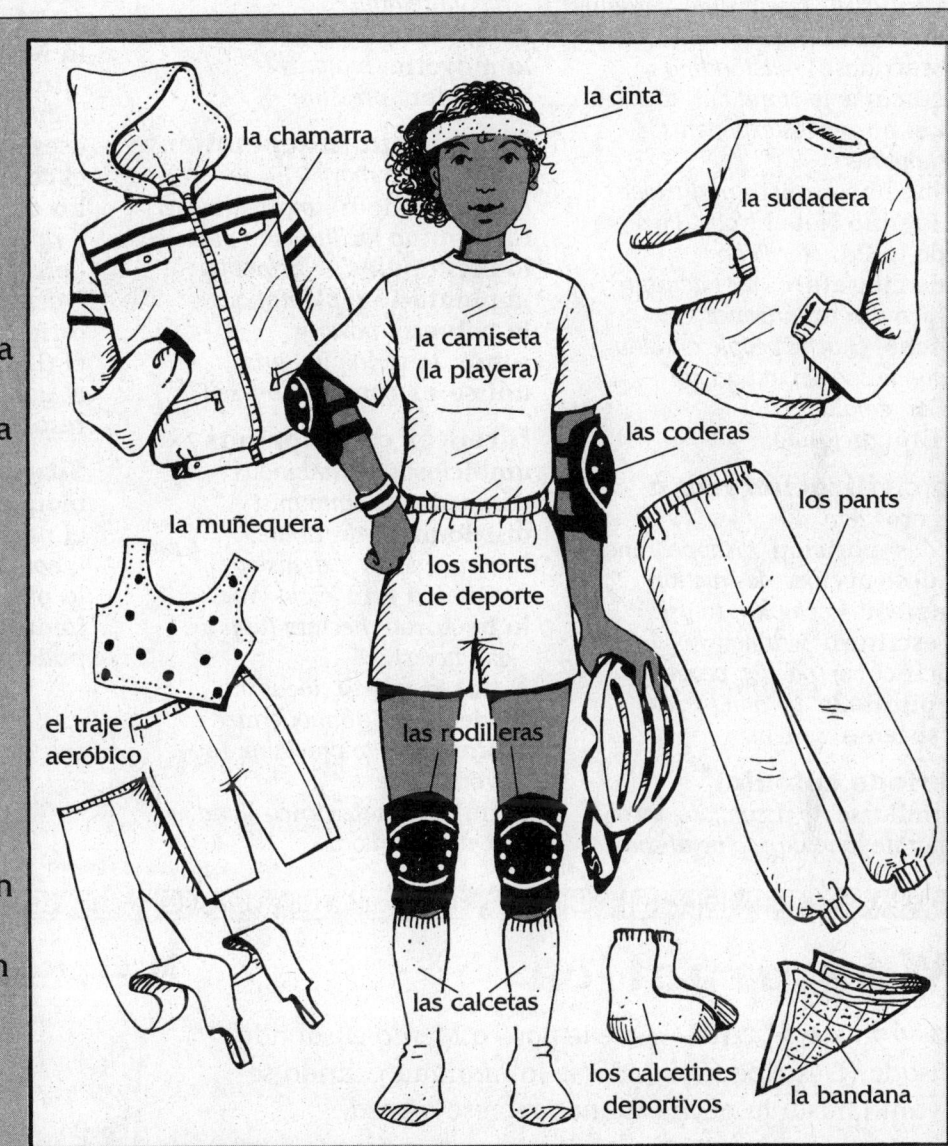

E **La ropa deportiva.** Según tu deporte favorito, varía el vestuario que necesites. Ahora que leíste el anuncio, escribe un párrafo describiendo la ropa que necesitas para participar en tu deporte favorito.

_____
_____
_____
_____

¡A practicar!

Nombre _____ **Fecha** _____

Vocabulario activo

Gente
- el (la) activista *activist*
- actualidad *present time; currently*
- la defensa *defense*
- destacado(a) *outstanding*
- destacarse *to stand out, to excel*
- los exponentes *exponents, supporters*
- el mediocampista *midfielder*
- el Premio Nóbel *Nobel Prize*
- ...de la Paz *for Peace*
- ...de Literatura *for Literature*
- la provincia *province*
- quiché *Quiche people and language spoken in parts of Guatemala*
- el rito *rite; ritual*

La civilización maya
- el cero *zero*
- la desaparición *disappearance*
- la destrucción *destruction*
- emplear *to employ; to use*
- la escritura *writing*
- pacífico(a) *pacific; peaceful*
- la pirámide *pyramid*
- el sistema *system*

Período colonial
- asimilarse *to assimilate, incorporate (oneself); to be absorbed*
- la Capitanía General de Guatemala *General Captaincy of Guatemala*
- dominante *dominant*
- la mayoría *majority*
- la presión *pressure*

Guatemala independiente
- breve *brief; short*
- el (la) dueño(a) *master; owner*
- facilitar *to facilitate; to make easy*
- la inestabilidad *instability*
- la plantación *plantation*
- la pobreza *poverty*
- surgir *to spring up, arise*
- unirse *to join, unite oneself*

Intentos de reformas
- ambicioso(a) *ambitious*
- comunista *communist*
- distribuir *to distribute*
- la expansión *expansion*
- la Guerra Fría *Cold War*
- la hectárea *hectare (approx. 2.5 acres)*
- el (la) idealista *idealist*
- modernizar *to modernize*
- promulgar *to proclaim; to promulgate*
- el (la) propietario(a) *land owner; landlord*
- proponer *to propose, suggest*

Rebeliones militares de 1954 a 1985
- la Agencia Central de Inteligencia (CIA) *Central Intelligence Agency (U.S.)*
- asesinar *to assassinate*
- el coronel *colonel*
- los derechos humanos *human rights*
- derrocado(a) *overthrown, defeated*
- dirigir *to direct*
- el (la) disidente *dissident*
- el gobierno *government*
- resolver *to resolve*

Situación presente
- bloquear *to block*
- el nombramiento *appointment, nomination*
- la oligarquía *oligarchy*
- la opresión *oppression*
- poderoso(a) *powerful*

Más práctica

La vida de Memo. ¿Qué le pasó a Memo el sábado pasado? Describe su día, desde la mañana cuando se levantó hasta la noche cuando regresó a casa.

31. El pretérito y el imperfecto

36 Unidad 3, Lección 2

Unidad 3, Lección 3

Nombre _____ **Fecha** _____

Conexiones

A **¡Vamos a México!** Arturo y sus padres van a México. Completa su parte de una conversación telefónica que tiene con un amigo días antes de irse. Usa **por** o **para**, según requiera la situación.

MODELO   Salimos **para** la Ciudad de México este fin de semana.

1. Viajaremos _____ autobús.
2. Tengo que terminar todas las preparaciones _____ mañana.
3. Nos quedaremos _____ un mes.
4. Queremos pasear _____ todo el país.
5. Vamos _____ visitar a mis abuelos.
6. El viaje es un regalo _____ mis padres.
7. Cuando lleguemos, llamaremos _____ teléfono _____ decirles a mis abuelos que ya llegamos.
8. _____ mí, el viaje será un sueño.

B **Teotihuacán.** Teotihuacán tiene una historia fascinante. Completa la narración sobre esta civilización antigua usando las preposiciones **por** y **para**, según indique el contexto.

1. Los aztecas tenían mucho respeto _____ unas ruinas misteriosas y antiguas.
2. Las nombraron Teotihuacán, la Ciudad de los Dioses, _____ razones obvias.
3. No se sabe si los habitantes de la ciudad usaban ese nombre _____ su ciudad.
4. _____ muchos años, se sabía muy poco de esta civilización antigua.
5. Se hicieron nuevos estudios y excavaciones _____ descubrir más de esta misteriosa ciudad.
6. La ciudad fue dominada _____ templos y pirámides y acentuada _____ edificios de colores vibrantes.
7. Fue una gran metrópoli _____ más de quinientos años.
8. _____ apreciar su esplendor y magnitud, se tiene que subir a la Pirámide del Sol.

¡A practicar! 37

Nombre _____ **Fecha** _____

C **El Museo D.H. Young.** Melissa va al Museo D.H. Young a ver la exhibición sobre Teotihuacán. Completa la nota que le escribe a un amigo antes de irse. Usa las frases de la lista.

por más que   por supuesto   por eso
por ahora
por cierto   por último   por la tarde
por fin   por lo menos   por cierto

Para: Guillermo19   **Copias a:** Miguel16, Andrea14
De: Melissa87
Tema: Teotihuacán   **Archivo:**

Voy al Museo D.H. Young para ver la exhibición sobre Teotihuacán _____. _____ prefiero leer sobre esta ciudad misteriosa. _____ quiero acabar con este capítulo.

Hicieron nuevas excavaciones hace poco y _____ sabemos más que sabíamos antes. _____ los habitantes de Teotihuacán fueron arquitectos sumamente ingeniosos. Estoy muy emocionada. ¡_____ voy a ver algo de esa civilización enigmática!

Fue una civilización muy desarrollada, pero _____ también fue muy violenta. _____ , los habitantes de Teotihuacán destruyeron su propia creación. _____ querramos, nunca vamos a saber la historia completa de Teotihuacán. Fue una civilización fascinante, ¡_____!

Unidad 3, Lección 3

Nombre _____ **Fecha** _____

¡Exprésate!

D **Una cita.** ¿Qué haces para alistarte cuando vas a salir con tu novio o novia? Pon la letra correcta junto a su traducción.

_____ Te duchas o te bañas.
_____ Te cepillas los dientes.
_____ Te lavas el pelo.
_____ Te secas el pelo con la secadora.
_____ Te pones mousse.
_____ Te peinas o te cepillas el pelo.
_____ Te pruebas varias combinaciones de ropa.
_____ Escoges lo que te vas a poner (algo que te favorezca).
_____ Planchas la ropa si está arrugada.
_____ Te pintas la cara y las uñas.
_____ Te rasuras.
_____ Te pones perfume o colonia.

a. You put on some mousse.
b. You dry your hair with a blowdryer.
c. You iron your clothes if they're wrinkled.
d. You shave.
e. You wash your hair.
f. You try on several combinations of clothing.
g. You brush your teeth.
h. You pick what you're going to wear (something that makes you look good).
i. You put on your makeup and paint your nails.
j. You put on perfume or cologne.
k. You shower or bathe.
l. You comb or brush your hair.

E **¡Dios mío!** En una hoja aparte, describe tu rutina antes de salir con alguien que te guste. ¿Te das mucho tiempo para alistarte, o esperas hasta el último momento? ¿Te pruebas varias combinaciones o te pones lo que sea? ¿Te aseguras que está planchado lo que te vas a poner, o te lo pones arrugado?

Describe con mucho detalle las horas o la hora antes de tu cita.

¡A practicar!

Nombre _____ **Fecha** _____

Vocabulario activo

La Ciudad de los Dioses y
La gran metrópoli mesoamericana
alrededor (de) *around*
amplio(a) *ample, extensive; roomy*
arqueológico(a) *archaeological*
brillante *brilliant; shining*
el (la) comerciante *merchant; trader*
complejo(a) *complex, intricate*
de repente *suddenly*
desaparecer *to disappear*

la excavación *excavation*
fascinante *fascinating*
el (la) habitante *inhabitant*
magnífico(a) *magnificent*
la multitud *multitude, crowd*
prestigioso(a) *prestigious*
las ruinas *(archaeological) ruins*
sagrado(a) *sacred, holy*
situado(a) *situated; located*

La destrucción
abandonar *to abandon*
el ataque *attack*
el cataclismo social *social disaster*
la élite *elite*
la existencia *existence*
la facción *faction*
el (la) gobernante *governor*
incendiar *to burn; to set flame to*
la metrópoli *metropolis*
quemar *to burn*
sangriento(a) *bloody*

Más práctica

Raúl. ¿Cuál es la rutina diaria de Raúl? ¿Cómo se compara a la tuya? ¿Crees que duerme suficiente o no? ¿Es un chico divertido o aburrido?

22. Los verbos reflexivos, la rutina diaria y la hora del día

40 Unidad 3, Lección 3

Unidad 4, Lección 1

Nombre _____ **Fecha** _____

Conexiones

A Del pasado al presente. ¿Qué sabes de la historia de Cuba? Completa las oraciones con el participio pasado del verbo entre paréntesis.

MODELO En los rostros y la cultura de los cubanos está **reflejada** la gran diversidad étnica y cultural de su gente. *(reflejar)*

1. Los que han _____ son las poblaciones de origen español y africano. *(sobresalir)*
2. Cuba estaba _____ por diversas tribus nativas como los taínos y los ciboneyes. *(habitar)*
3. Estos pueblos vivían en cabañas _____ con palmas. *(construir)*
4. Estas tribus nativas estaban _____ a la agricultura y a la pesca. *(dedicar)*
5. Cuba fue _____ por Cristóbal Colón. *(descubrir)*
6. El nombre de Cuba fue _____ de las palabras indígenas Coabí o Cubanacán. *(tomar)*
7. Los taínos y los ciboneyes fueron fácilmente _____. *(conquistar)*
8. En seis años, la mayoría de la población nativa fue _____. *(exterminar)*
9. Los esclavos fueron _____ en África, y luego importados a Cuba. *(capturar)*
10. Un movimiento guerrillero fue _____ por Fidel Castro en 1956. *(establecer)*
11. Las propiedades e inversiones privadas fueron _____ por el gobierno cubano. *(nacionalizar)*
12. Los emigrantes cubanos de 1980 son _____ como "marielitos". *(conocer)*
13. La cultura y la sociedad contemporáneas en Cuba han sido _____ por la Revolución Cubana. *(transformar)*
14. Cuba se ha _____ en un verdadero dilema. *(encontrar)*

¡A practicar! 41

Nombre _____ **Fecha** _____

B **Cubanos famosos.** ¿Qué han hecho estos cubanos famosos? Escribe las oraciones usando el presente perfecto de indicativo. Sigue el modelo.

MODELO   Nicolás Guillén: inspirar a generaciones de poetas cubanos
Ha inspirado a generaciones de poetas cubanos.

1. Fidel Castro: ser un líder controvertido

2. Fidel Castro: ver la caída de la Unión Soviética

3. Driulis Gonzáles: ganar varios premios internacionales

4. Driulis Gonzáles: participar en las olimpiadas de 1996.

5. Driulis Gonzáles: competir en torneos de judo.

6. Carlos Acosta: estudiar ballet en la Escuela Nacional de Ballet de Cuba.

7. Carlos Acosta: bailar en la competencia Prix de Lausanne.

C **José Martí.** Describe el efecto que tuvo José Martí sobre el mundo usando **se** + *verbo en tercera persona*.

MODELO   las obras de José Martí / conocer / mundialmente
Las obras de José Martí se conocen mundialmente.

1. José Martí / reconocer / como el héroe nacional / de la independencia de Cuba

2. por todo el mundo / admirar / su talento literario / y / su dedicación a la acción política

3. su poesía / considerar / la precursora / del modernismo

4. escuchar / su poesía / hoy día / en universidades / y / en cafés

5. sus ideas / todavía / encontrar / con interés / y / admiración

6. sin duda / Martí / respetar / mundialmente / como un líder sin igual

Unidad 4, Lección 1

Nombre _____ **Fecha** _____

Exprésate!

D El hogar. ¿Puedes identificar todos los muebles? Trata de hacerlo.

En la sala
el sofá cama con cojines
la lámpara de pie
la lámpara de techo
el aire acondicionado
la calefacción
el sillón
el cuadro en la pared
la alfombra en el suelo

En la recámara
la lámpara de lectura
la mesita de noche
la sobrecama
las cortinas
las persianas
el tocador con espejo
la cómoda con cajones

En la cocina
los gabinetes
la estufa eléctrica
el congelador
los cubitos de hielo

Los electrodomésticos
el horno de microondas
el abrelatas eléctrico
el lavaplatos
la tostadora
el procesador de alimentos

¡A practicar!

Nombre _____ Fecha _____

Vocabulario activo

Gente
aclamado(a) *acclaimed*
afrocubano(a) *Afro-Cuban*
amnistiado(a) *given amnesty*
el (la) antepasado(a) *ancestors*
la característica *characteristic*
la competencia *competition, rivalry*
controvertido(a) *controversial*
la dictadura *dictatorship*
el (la) fundador(a) *founder*
impulsar *to propel, to drive*
inspirado(a) *inspired*
merecido(a) *deserved*
reconocido(a) *known, recognized, familiar*
la tradición *tradition*

Los primeros habitantes y **El período colonial**
la agricultura *agriculture*
la caña *sugar cane; reed, stock*
el cultivo *cultivation*
descubierto(a) *discovered*
el (la) esclavo(a) *slave*
exterminado(a) *exterminated; killed*
el exterminio *extermination; eradication*
habitado(a) *inhabited*
la isla *island*
el maltrato *ill treatment*
la mina *mine (mineral pit)*
nativo(a) *native, indigenous*
la pesca *fishing*
la tribu *tribe, clan*
el viaje *trip, journey*

El proceso de independencia y **La Guerra Hispano-Estadounidense**
la armada *navy; fleet*
el buque *ship, boat*
consolidar *to consolidate*
estallar *to break out; to explode*
la explosión *explosion*
firmado(a) *signed*
inexplicable *unexplainable*
lograr *to achieve, obtain*
la ocupación *occupation; possession, occupancy*
el pretexto *pretext, excuse*
la victoria *victory*

La Revolución Cubana
el (la) abogado(a) *lawyer*
escaso(a) *scarce, limited*
la experiencia *experience*
el (la) guerrillero(a) *guerrilla*
la inversión *investment; inversion*
la libertad *freedom, liberty*
el (la) líder *leader*
el movimiento *movement*
nacionalizar *to nationalize*
provocar *to provoke, incite*
el rompimiento *breaking off*

Cubanos al exilio y **Sociedad en crisis**
el acuerdo *agreement, pact*
la clase acomodada *wealthy class*
la clase trabajadora *working class*
derrotado(a) *defeated*
el ejército *army*
el (la) emigrante *emigrant*
el misil *missile*
el primer ministro *Prime Minister*
el progreso *progress*

Más práctica

17. La casa y los muebles

Tu casa. ¿Cómo es tu casa? ¿Se parece a ésta? ¿O no? ¿Cómo es igual? ¿Cómo es diferente? ¿Cuántos pisos tiene tu casa? ¿Cuántas recámaras? ¿Dónde pasas la mayoría del tiempo? ¿Dónde estudias? Piensa también en la casa que quisieras tener algún día.

Unidad 4, Lección 1

Unidad 4, Lección 2

Nombre _____ **Fecha** _____

Conexiones

A **Del pasado al presente.** Jorge, un estudiante norteamericano, acaba de leer la historia de la República Dominicana en la sección *Del pasado al presente*. Ha salido con varias opiniones. Completa sus oraciones con el presente de subjuntivo para saber lo que piensa.

MODELO   Es bueno que los dominicanos **mantengan** una identidad nacional fiel a su origen. *(mantener)*

1. Es malo que los dominicanos _____ las tradiciones de su cultura. *(perder)*
2. Es importante que los dominicanos _____ su lucha por la democracia. *(seguir)*
3. Es esencial que los dominicanos _____ elecciones libres. *(tener)*
4. Es necesario que los dominicanos _____ una estabilidad económica, social y política. *(establecer)*
5. Es interesante que _____ gran controversia sobre el triunfo de Balaguer en 1994. *(existir)*
6. Es natural que le _____ a la República Dominicana "la cuna de América". *(llamar)*

B **Juan Luis Guerra.** Acabas de leer la lectura sobre Juan Luis Guerra en tu texto. Ahora que lo conoces mejor, completa las oraciones usando el presente de subjuntivo para reflejar sobre su actitud hacia la vida.

MODELO   Juan Luis Guerra: querer que |/| la gente ayudar a los pobres
Quiere que la gente ayude a los pobres.

1. Juan Luis Guerra: aconsejar que |/| todos nosotros hacer nuestra parte para darle la mano al prójimo
_____
_____

2. Juan Luis Guerra: insistir en que |/| su privacidad no ser destrozada
_____
_____

3. Juan Luis Guerra: preferir que |/| la prensa dejarlo en paz
_____
_____

4. Juan Luis Guerra: desear que |/| su esposa decirle su opinión verdadera de su música
_____
_____

5. ser preferible que |/| Juan Luis quedarse en casa cuando salga el grupo de médicos al campo
_____
_____

6. los dominicanos: querer que |/| Juan Luis ser el embajador dominicano ante el mundo
_____
_____

¡A practicar!

Nombre _____ **Fecha** _____

C. La serie del Caribe.
¿Qué le dice su entrenador a un pelotero de la Serie del Caribe para inspirarlo?

MODELO practicar todos los días   **Practica todos los días.**

1. levantarse y acostarse temprano

2. llegar a tiempo a las prácticas

3. correr tres millas cada día

4. hacer los ejercicios indicados

5. levantar pesas diariamente

6. comer a tus horas

7. no comer demasiado

8. tener mucha disciplina

D. Un entrenador nuevo.
Da los mismos consejos a alguien que no conoces muy bien. Escribe las mismas oraciones de la actividad C, pero esta vez usa la forma de **usted**.

MODELO **Practique todos los días.**

1. _____
2. _____
3. _____
4. _____
5. _____
6. _____
7. _____
8. _____

Unidad 4, Lección 2

Nombre _____ Fecha _____

¡Exprésate!

Los quehaceres domésticos

1 En la sala

sacudir los muebles
aspirar las alfombras
cambiar las bombillas
sacarle brillo a los muebles

2 En la recámara

recoger la ropa del piso y colgarla
doblar y guardar la ropa
tender la cama
cambiar las sábanas

3 En la oficina (o el despacho)

ordenar los libros por categoría
archivar las cartas
organizar los papeles
hacer (o sacar) las cuentas

4 Afuera

cambiar el aceite
regar el césped con la manguera
recoger las hojas con el rastrillo
sacar el perro a pasear

D Por favor... Ésta es la familia Rodríguez: Marcos (el papá), Carmela (la mamá), Joaquín (el hijo) y Sofía (la hija). ¿Qué le pidió el Sr. Rodríguez a sus hijos que hicieran? Y Carmela, ¿qué le pidió a su esposo que hiciera? Escribe por lo menos dos mandatos para cada escena.

MODELO   Joaquín, hijo, por favor aspira la alfombra.

Escena 1
1. _____
2. _____

Escena 2
3. _____
4. _____

Escena 3
5. _____
6. _____

Escena 4
7. _____
8. _____

¡A practicar!

Nombre _____ Fecha _____

Vocabulario activo

Gente
abrazar *to embrace*
bicultural *bicultural*
la controversia *controversy*
criollo(a) *relating to Colonial culture in Latin America*
el derecho *law; right*
el (la) dibujante *designer, draughts person*
distinguido(a) *distinguished*
las elecciones *elections*
entrenarse *to train, to practice*
fascinar *to fascinate, to captivate*
el (la) político(a) *politician*
la vihuela *an older type of guitar*

Capital del imperio español en América
el bucanero *buccaneer*
el cabildo *town hall*
la explotación *exploitation*
forzado(a) *forced*
fundado(a) *founded; established*
gótico(a) *Gothic*
marítimo(a) *maritime; sea, marine, nautical*
el monumento *monument*
el pirata *pirate*
los restos *remains*

La independencia
alternar *to alternate*
la anexión *annexation*
el (la) colaborador(a) *collaborator*
corrupto(a) *corrupt*
dominar *to dominate, master*
proclamar *to proclaim, declare*
quedar *to remain*

La dictadura de Trujillo y La realidad actual
el asesinato *assassination*
catastrófico(a) *catastrophic; disastrous*
la consolidación *consolidation*
el estado caótico *chaotic state (of affairs)*
la exportación *exportation*
la importación *importation*
la intervención *intervention*
la ocupación militar *military occupation*

Más práctica

Puerto Dorado. Tú vives en Puerto Dorado. Tus padres han venido a visitarte. Se están quedando en el Hotel Caribe. Tienen boletos para un partido de fútbol en el Estadio y para un espectáculo de variedades en el Teatro. También tienen reservaciones en el mejor restaurante del pueblo, el Restaurante El Mirador. Dales direcciones del Hotel Caribe a esos tres lugares.

14. Lugares comunes

Unidad 4, Lección 2

Unidad 4, Lección 3

Nombre _____ **Fecha** _____

Conexiones

A Bob Vila. ¿Qué les recomienda Bob Vila a estas personas puertorriqueñas en caso de un huracán?

MODELO sugerir: llenar la tina (bathtub) con agua limpia
Les sugiero que llenen la tina con agua limpia.

1. sugerir: congelar botellas de agua

2. recomendar: comprar mucha comida de lata

3. recomendar: poner cinta adhesiva protectora en las ventanas

4. aconsejar: meter el carro al garaje

5. aconsejar: no salir afuera durante el huracán

6. sugerir: no dejar los muebles de patio afuera

B Las alternativas políticas de Puerto Rico. Después de leer la *Ventana al Mundo 21* sobre las alternativas políticas de Puerto Rico, José Ángel formó algunas opiniones. ¿Qué opina?

MODELO no creer que • Puerto Rico • votar para la estadidad nunca
No creo que Puerto Rico vote para la estadidad nunca.

1. dudar que / Puerto Rico / alcanzar la independencia en esta década

2. no estar seguro de que / los argumentos contra la estadidad / ser convincentes

3. no pensar que / convenirles a los puertorriqueños / tener que pagar impuestos federales

4. no ser evidente que / la gente de Puerto Rico / querer hacerse el estado cincuenta y uno de EE.UU.

5. no ser seguro que / el congreso norteamericano / garantizar a Puerto Rico la preservación de sus tradiciones y su idioma

¡A practicar!

Nombre _____ **Fecha** _____

C **Del pasado al presente.** Después de leer la sección *Del pasado al presente*, Soraya decide escribir sus pensamientos sobre Puerto Rico. ¿Qué escribe?

MODELO ser estupendo que / Puerto Rico / tener dos lenguas oficiales
Es estupendo que Puerto Rico tenga dos lenguas oficiales.

1. ser increíble que / no necesitarse pasaporte / para viajar a Puerto Rico
   _____

2. ser curioso que / un gobernador de Puerto Rico / estar en favor de la estadidad
   _____

3. ser natural que / puertorriqueños / no querer perder su idioma y sus tradiciones
   _____

4. ser normal que / emigración a EE.UU. / aumentar durante tiempos económicamente difíciles
   _____

5. ser sorprendente que / isla estar tan dividida / entre la estadidad y el Estado Libre Asociado
   _____

6. ser bueno que / industrialización de Puerto Rico / incluir la industria electrónica
   _____

7. ser una lástima que / puertorriqueños / no poder votar en las elecciones para presidente de EE.UU.
   _____

8. ser bueno que / isla / haberse convertido en un verdadero "Puerto Rico"
   _____

Unidad 4, Lección 3

Nombre _____ **Fecha** _____

¡Exprésate!

D **La barbacoa.** Van a tener una barbacoa en casa y tu mamá te da una lista de cosas que le faltan todavía. ¿Puedes ponerle la etiqueta correcta a cada cosa? Para las especias y los condimentos, pon la letra correcta junto a la palabra en español.

Lácteos
la leche
la mantequilla
el queso
el yogur de fresa

Frutas
los duraznos
las fresas
los limones
las peras
la piña
los plátanos
la sandía
las toronjas
las uvas

Legumbres/ Vegetales
el apio
los elotes
los espárragos
el brócoli
la coliflor
los champiñones
la lechuga
los pepinos
las zanahorias

Las especias y los condimentos

___ el aceite	___ la mostaza	a. oregano	g. onions
___ el ajo	___ el orégano	b. parsley	h. cilantro
___ el azúcar	___ el perejil	c. sugar	i. salt
___ las cebollas	___ la pimienta	d. mayonnaise	j. mustard
___ el cilantro	___ la sal	e. garlic	k. hot salsa
___ la mayonesa	___ la salsa picante	f. pepper	l. oil

¡A practicar!

Nombre _____ Fecha _____

Vocabulario activo

Gente
la alcaldesa *female mayor*
el (la) bateador(a) *hitter in baseball*
dirigir *to direct, to lead*
especializarse *to specialize*
la fama *fame*
gubernamental *governmental*
el (la) pelotero(a) *baseball player*
reunir *to unite, to gather*
supervisar *to supervise, to oversee*

La colonia española y **Los taínos y los esclavos africanos**
el bastión militar *military bastion*
Borinquen *original name of Puerto Rico*
el colono *colonist, settler*
convertir *to convert, turn into; to change*
la denominación *denomination, title*
despoblar *to depopulate*
estratégico(a) *strategic*
exterminar *to exterminate, eradicate*
la fortaleza *fortress*
fortificado(a) *fortified; strengthened*
gigantesco(a) *gigantic*
invertir *to invert; to invest*
la muralla *city wall*
la posesión *possession*
tomar por asalto *to take by assault*

La Guerra Hispano-Estadounidense de 1898 y **La caña de azúcar**
la autonomía *autonomy, self-determination*
la caña de azúcar *sugar cane*
la depresión *depression*
la fuerza laboral *work force*
intacto(a) *intact*
otorgar *to give; to grant*
permanecer *to remain, stay*
la presencia *presence*
la resistencia *resistance*

Estado Libre Asociado de EE.UU. y **La industrialización de la isla**
acelerado(a) *accelerated, sped up*
el congreso federal *national congress*
la constitución *constitution*
electrónico(a) *electronic*
farmacéutico(a) *pharmaceutical*
garantizar *to guarantee*
petroquímico(a) *petrochemical*
el proceso *process*
el (la) promotor(a) *promoter*
el territorio *territory*
textil *textile*

Más práctica

18. La comida y el supermercado

El supermercado "El Mejor". Estás en el supermercado "El Mejor". ¿Qué necesitas? ¿Qué compras? ¿Quién va al supermercado en tu casa? Esta semana lo tienes que hacer tú. Haz una lista de todas las cosas que tienes que comprar.

Unidad 4, Lección 3

Unidad 5, Lección 1

Nombre _____ **Fecha** _____

Conexiones

A **Gente del Mundo 21.** Combina las dos oraciones usando **quien** o **que** para saber más de los salvadoreños estelares presentados en la sección *Gente del Mundo 21*.

MODELO Óscar Arnulfo Romero fue asesinado en 1980. Defendió a los pobres y denunció la violencia.
Óscar Arnulfo Romero, quien (que) defendió a los pobres y denunció la violencia, fue asesinado en 1980.

1. Manlio Argueta nació en 1936. Fue galardonado con el Premio Nacional de Novela.
_____

2. Argueta ganó el premio por *Un día en la vida*. Esta novela ha sido traducida a varias lenguas.
_____

3. Claribel Alegría se considera salvadoreña. Esta escritora nació en Nicaragua.
_____

4. Uno de sus libros incluye poemas y narraciones. Se titula *Luisa en el país de la realidad*.
_____

B **Del pasado al presente.** ¿Qué aprendiste sobre la historia de El Salvador? Completa las oraciones con las formas apropiadas de **el cual** o **el que**.

1. El país está acostumbrado a los temblores de la tierra, _____ ocurren con frecuencia.

2. Entre los veinte o más volcanes en El Salvador, el Izalco es _____ llaman "el faro del Pacífico".

3. Es _____ siempre está encendido como una lámpara a medianoche.

4. El cacao, _____ es uno de los principales cultivos durante la época colonial, pronto se convierte en un producto muy apreciado.

5. La masacre, en _____ murieron 30.000 personas, fue culpa de un golpe militar.

6. Por muchos años, El Salvador sufrió una guerra civil, _____ causó más de 80.000 muertos.

7. De todos los países de Centroamérica, El Salvador es _____ ha tenido más violencia.

¡A practicar! 53

Nombre _____ Fecha _____

C **Isaías Mata.** Completa las oraciones sobre el artista salvadoreño Isaías Mata con **lo que** o **lo cual**.

1. _____ más le gusta a la gente de la pintura *Cipotes en la marcha por la paz* es su optimismo.

2. En la pintura hay mucho color, _____ significa un futuro mejor para las nuevas generaciones.

3. Isaías fue detenido por el ejército, _____ lo hizo temer por su vida.

4. Se vio obligado a salir de su patria, _____ lo llevó a San Francisco.

5. _____ lo atrajo a San Francisco fue el barrio latino donde todavía residen miles de salvadoreños.

6. _____ quieren los artistas e intelectuales salvadoreños es la paz eterna.

D **Salvadoreños importantes.** Escribe una oración sobre cada salvadoreño o grupo de salvadoreños usando los elementos a continuación y la forma apropiada de **cuyo**.

MODELO   José Napoleón Duarte: político / exilio duró siete años
José Napoleón Duarte es el político cuyo exilio duró siete años.

1. Óscar Arnulfo Romero: arzobispo / asesinato horrorizó al mundo
   _____

2. Manlio Argueta: escritor / novela fue premiada con el Premio Nacional de Novela
   _____

3. Claribel Alegría: autora / esposo es Darwin J. Flakoll
   _____

4. Los pipiles: indígenas / territorio fue Cuzcatlán
   _____

5. Alfredo Cristiani: presidente / firma está en los acuerdos de paz de 1992
   _____

Unidad 5, Lección 1

Nombre _____ **Fecha** _____

E **Los perros mágicos de los volcanes.** Patricio es muy escéptico y después de leer el cuento de los cadejos, le pregunta a su abuela si existen ciertas cosas o personas. ¿Qué le pregunta a su abuela?

MODELO   perros mágicos (llamarse cadejos)
¿Existen perros mágicos que se llamen cadejos?

1. perros (parecerse a lobos)
   _____

2. gente (querer mucho a los cadejos)
   _____

3. cadejos (ser tataranietos de los volcanes)
   _____

4. cadejos (siempre acompañar a la gente de un pueblo a otro)
   _____

5. cadejos (convertirse en soplos de viento)
   _____

6. cadejos (transportar a los ancianos a la sombra de un árbol cercano)
   _____

7. hombres malos (no querer a los cadejos)
   _____

8. volcanes (poder dar consejos)
   _____

9. soldados (tener el corazón y el cerebro de plomo)
   _____

10. un volcán (llevar un vestido de agua)
    _____

11. un volcán (tener un sombrero de fumarolas)
    _____

Unidad 5, Lección 1

¡A practicar!   55

Nombre _____ **Fecha** _____

¡Exprésate!

La naturaleza

- los glaciares
- la selva tropical
- la flora y fauna
- el valle
- la cordillera
- los bosques
- las montañas
- los lagos
- los mares
- los ríos
- el desierto
- los hábitats marinos
- las playas

los recursos naturales *natural resources*
los animales en peligro de extinción *endangered species*
las costas *coasts*
las tierras pantanosas *wetlands*

56 Unidad 5, Lección 1

Nombre _____ **Fecha** _____

F **Ecólogo(a).** Eres un(a) ecólogo(a). De todos los recursos naturales, ¿cuáles crees que son los más importantes para la supervivencia de los seres humanos? Explica por qué.

EJEMPLO   **Creo que los mares, ríos y lagos son los recursos naturales más importantes para proteger. Sin agua limpia, no podríamos …**

_____
_____
_____
_____
_____
_____
_____
_____

G **El medio ambiente.** Escoge un país latinoamericano que lucha para proteger su medio ambiente. Usa el Internet o la biblioteca para investigar cuáles son sus recursos naturales, cuáles de sus especies están en peligro de extinción y qué están haciendo para preservar el futuro de su medio ambiente. ¿Cómo se comparan sus acciones con las acciones de tu ciudad, tu país, o tu colegio? ¿Crees que están haciendo todo lo posible? Si no, ¿qué sugieres que hagan? Piénsalo bien antes de empezar tu ensayo.

_____
_____
_____
_____
_____
_____
_____
_____
_____

Unidad 5, Lección 1

¡A practicar!

Nombre _____ Fecha _____

Vocabulario activo

Gente
el arzobispo *archbishop*
asesinado(a) *assassinated*
distinguido(a) *distinguished*
fraudulento(a) *fraudulent, phony*
infantil *children's*

El Salvador
el subdesarrollo *underdevelopment*
el temblor de tierra *earthquake*
la violencia *violence*
el volcán *volcano*

Los primeros habitantes y
La colonia
apreciado(a) *appreciated*
el cacao *cacao*
incorporado(a) *incorporated*
obligar *to oblige, force, compel*

La independencia y
La república salvadoreña
el (la) derechista *rightist, right-winger*
disuelto(a) *dissolved, destroyed, broken-up*
ejecutado(a) *executed*
floreciente *prosperous, flourishing*
el (la) izquierdista *leftist, left-winger*
la paz *peace*
la ruptura *rupture, break*
trasladarse *to move, change residence*

La guerra civil
incrementar *to increase, augment, intensify*
el terremoto *earthquake*

Más práctica

Sudamérica. ¿Cuáles montañas separan Chile y la Argentina? ¿Cuáles ciudades están en la costa? ¿Cómo se llaman los ríos principales de Sudamérica? ¿Cuál país tiene costa en dos océanos?

¿Dónde hay selvas tropicales en Sudamérica? ¿Qué sabes de la selva amazónica? Investiga lo que están haciendo los países de Sudamérica para proteger el medio ambiente y comparte tus descubrimientos con la clase.

7. & 8. Sudamérica

La América del Sur

58 Unidad 5, Lección 1

Unidad 5, Lección 2

Nombre _____ **Fecha** _____

Conexiones

A Viaje a Honduras. Tu hermano(a) mayor quiere viajar a Honduras durante las vacaciones de verano. ¿Qué le dices?

MODELO sí, voy contigo: con tal de que / quedarnos en Tegucigalpa
Sí, voy contigo a Honduras con tal de que nos quedemos en Tegucigalpa.

1. sí, voy contigo: con tal de que / visitar las ruinas de Copán
   _____

2. podemos ir en agosto: a menos de que / no poder conseguir boletos
   _____

3. debemos comprar los boletos: antes de que / subir los precios
   _____

4. debemos planear el viaje: antes de que / cambiar de opinión
   _____

5. debemos hablar con una agencia de viajes: para que / ayudarnos con nuestros planes
   _____

6. debemos hablar con nuestros padres: para que / prestarnos dinero para el viaje
   _____

B Pensamientos. Ya que tus padres les dieron dinero y permiso a ir a Honduras, tu hermano(a) está pensando en el viaje. ¿Qué te dice? Pon la palabra o frase correcta en el espacio en blanco para saberlo.

> **como**   porque   **puesto que**   ya que
> con tal de que   a menos de que

1. _____ te interesan las ruinas mayas, debemos pasar mucho tiempo en las ruinas de Copán.

2. _____ vamos a estar en Honduras por un mes, debemos tener suficiente tiempo para verlo todo.

3. Nos vamos a quedar por un mes, _____ se nos acabe el dinero.

4. No me da miedo viajar en Honduras _____ es un país muy estable.

5. _____ Copán está tan cerca de Guatemala, podemos conocer ese país también.

6. Podemos visitar Guatemala _____ nos quede tiempo.

¡A practicar!   **59**

Nombre _____ **Fecha** _____

C **Mis primeros versos.** Recuenta la narración de Mis primeros versos usando la forma correcta del indicativo o subjuntivo, según indique la oración.

1. El joven _____ encerrarse en su cuarto y escribirle versos a una linda muchacha. *(decidir)*

2. Cuando los lee en voz alta _____ de vanidad y orgullo. *(llenarse)*

3. Decide enviarlos a la revista *La Calavera* para que los _____ . *(publicar)*

4. Espera que sus versos _____ en el ejemplar número 5, y _____ al ver que no salen todavía. *(aparecer, desesperarse)*

5. La edición número 13 de *La Calavera* es motivo para que su estado de ánimo _____ . *(cambiar)*

6. Entusiasmado por el éxito, el joven espera que todos lo _____ . *(felicitar)*

7. Cuando su amigo Pepe le hace una crítica negativa, le sorprende que no _____ ni idea del mérito de su obra. *(tener)*

8. Luego, insiste en que otras personas los _____, pero tampoco recibe opiniones favorables. *(leer)*

9. Por último, visita al jefe de redacción para oír su opinión y espera que ésta _____ más positiva. *(ser)*

10. El jefe piensa que viene a quejarse de los versos y le confiesa que los _____ sólo porque no tenía nada mejor. *(publicar)*

Unidad 5, Lección 2

Nombre _____ **Fecha** _____

¡Exprésate!

PROBLEMAS ECOLÓGICOS
la contaminación del aire
contaminación de los mares, ríos, lagos
la contaminación de ruido
la deforestación
los derrames de petróleo
el desperdicio del agua
la destrucción de la capa de ozono
la extinción de ciertas especies de animales
las sequías
las inundaciones

Posibles soluciones
compartir el carro con amigos y colegas
conservar los recursos naturales
declarar zonas de reserva ecológicas
dejar de talar árboles
desarrollar otras formas de energía
educar al público
instituir programas de reciclaje
limitar el uso de aerosoles
prohibir el uso de contaminantes
usar carros eléctricos
usar el transporte público

Unidad 5, Lección 2

D **Presidente.** Quieres ser presidente del país. Tienes que escribir tus opiniones sobre el medio ambiente porque vas a dar un discurso por la tele días antes de las elecciones. ¿Qué escribes? Sé creativo(a). No tienes que seguir el modelo si encuentras formas más originales para describir tus posiciones.

EJEMPLO **Debemos declarar zonas de reserva ecológicas para proteger a las especies en peligro de extinción.**

_____
_____
_____
_____
_____
_____
_____
_____
_____

¡A practicar!

Nombre _____ Fecha _____

Vocabulario activo

Gente
el cacique *tribe chieftan*
disparar *to shoot, fire*
encabezar *to lead*
integrado(a) *conformed, made up*
la junta *council, baord*
la ministra *female minister*
la moneda *coin, currency, money*
la tragedia *tragedy*
triunfar *to triumph*
tumultuoso(a) *riotous, tumultuous*

Honduras: Los orígenes y La independencia
la canoa *canoe*
independizarse *to become independent, self governing; to win freedom*
restaurar *to restore*
rivalizar *to rival, compete*

Siglo XX
beneficiar *to benefit, profit, help*
desgraciadamente *unfortunately*
el (la) ganadero(a) *cattle dealer; cattle breeder*
la riqueza comercial *commercial wealth*

Nicaragua: Los orígenes, La colonia y La independencia
el abuso *abuse*
aniquilado(a) *annihilated, wiped out*
el (la) aventurero(a) *adventurer*
mulato(a) *of mixed blood (African and European)*
zambo(a) *of mixed blood (African and Native American)*

La intervención estadounidense y los Somoza y Revolución sandinista
deponer *to depose, deprive of office*
destrozar *to destroy*
la propiedad *property*
proteger *to protect*
la renuncia *resignation; renunciation*
retirar *to withdraw, remove*
unir *to unite, bring together*
victorioso(a) *victorious, successful*

Proceso de reconciliación
acusar *to accuse*
deteriorar *to deteriorate, worsen*
gravemente *seriously, gravely*

Más práctica

México y la protección del ambiente. Investiga los problemas ambientales de México. También investiga qué soluciones están proponiendo los habitantes de la Ciudad de México para reducir la contaminación y proteger sus recursos naturales.

3. & 4. México

Unidad 5, Lección 2

Unidad 5, Lección 3

Nombre _____ **Fecha** _____

Conexiones

A Juan y Alma. Juan ya hizo las cosas que Alma tiene planes de hacer. ¿Qué dice cada uno? Juan describe su acción en el pasado mientras que Alma especula sobre el futuro. Sigue el modelo.

MODELO ir a Costa Rica → cambiar mi actitud hacia la preservación ecológica
Juan: Después de que fui a Costa Rica, cambié mi actitud hacia la preservación ecológica.
Alma: Después de que vaya a Costa Rica, quizás cambiaré mi actitud hacia la preservación ecológica.

1. llegar a San Jose → registrarme en el hotel VistaVerde

   Juan: _____
   Alma: _____

2. comprar algunos regalos → irme a descansar

   Juan: _____
   Alma: _____

3. comer → sentirme satisfecho

   Juan: _____
   Alma: _____

4. escribir diez tarjetas postales → salir a dar un paseo

   Juan: _____
   Alma: _____

B Costa Rica. ¿Qué sabes de Costa Rica? Decide si la frase que introduce la palabra **aunque** requiere el indicativo o el subjuntivo.

1. Aunque Costa Rica no _____ ejército, sí tiene guardia civil. *(tener)*

2. Aunque Costa Rica _____ todos sus fondos en la educación, todavía tendrá que luchar contra el analfabetismo. *(poner)*

3. Aunque Costa Rica _____ mucho mas pequeña que Estados Unidos, tiene más especies de pájaros. *(ser)*

4. Aunque nosotros _____ medidas ecológicas, seguirá el peligro de la contaminación mundial. *(tomar)*

5. Aunque nosotros _____ los refugios de fauna, seguirá el peligro de extinción de varias especies. *(proteger)*

6. Aunque los parques nacionales _____ localizados en lugares de difícil acceso, son una gran atracción turística. *(estar)*

¡A practicar! 63

Nombre _____ **Fecha** _____

C **Los parques ecológicos.** La madre de Luis le está platicando sobre su visita a un parque nacional de Costa Rica. ¿Qué le dice? Completa su monólogo con la forma apropiada de los verbos entre paréntesis.

En los parques nacionales no puedes comportarte como (1)_____ (querer: tú). Tienes que seguir las instrucciones del guía. Tienes que tirar la basura donde te (2)_____ (indicar: ellos); tienes que respetar las plantas y los animales. No puedes quedarte según te (3)_____ (convenir). Hay horas específicas para los turistas. Te puedes quedar sólo hasta que te (4)_____ (indicar: ellos). Mientras que tú nos (5)_____ (esperar) en el carro, nosotros pasaremos por las oficinas del Servicio de Parques Nacionales. Tan pronto como (6)_____ (obtener) la información necesaria, nos iremos al parque que más te guste.

Hoy día existen dieciséis parques nacionales. Aunque el país (7)_____ (ser) muy pequeño, tiene una gran diversidad de especies de plantas y animales. Cuando (8)_____ (venir: nosotros) hace años, no había un sistema de parques nacionales. En 1970, cuando Costa Rica (9)_____ (darse cuenta) que amenazaba a sus reservas biológicas, inició un programa gubernamental para salvarlas. En cuanto (10)_____ (establecerse) el programa, todo empezó a cambiar.

Cuando (11)_____ (ver: tú) las mariposas de hermosos colores y los quetzales, ¡te vas a divertir mucho! Te lo prometo.

Nombre _____ Fecha _____

¡Exprésate!
El programa de reciclaje

D **Vamos a hacer nuestra parte.** Estás a cargo del programa de reciclaje en tu colegio. ¿Cómo coordinas el programa? ¿Qué haces primero? ¿Qué clase de carteles haces para convencer a todo mundo que te ayude? Haz un cartel para poner en el pasillo de tu colegio. Crea un lema fuerte y dibuja lo que quieras.

Nombre _____ **Fecha** _____

Vocabulario activo

Gente
acomodado(a) *rich, wealthy, well-to-do*
afortunado(a) *fortunate*
la comisión *commission*
cumplir *to comply with*
los derechos humanos *human rights*
designado(a) *assigned*
el miembro *member*
la negociación *negotiation*
el puesto *positon, post, job*
relevante *relevant*
la réplica *replica*

Los orígenes y La independencia
la abundancia *abundance, plenty, great quantity*
aumentar *to augment, increase*
la desigualdad *inequality*
enterrado(a) *buried*
la erupción *eruption*
explotar *to expoit, plunder*
la meseta *plateau, tableland*
la plantación bananera *banana plantation*
la subsistencia *subsistence*

Siglo XX
anular *to annul, nullify*
autoritario(a) *authoritarian*
beneficioso(a) *beneficial*
la marginación *marginalization, exclusion*
el monopolio *monopoly*
el presupuesto *budget*

Más práctica

5. & 6. Centroamérica y el Caribe

Costa Rica. Costa Rica es un país lleno de riquezas naturales. Haz una investigación sobre alguna de ellas: algún pájaro, como el quetzal, alguna flor, como la orquídea o algún insecto, como las mariposas. Comparte tu información con la clase. ¿Puedes explicar por qué Costa Rica tiene una gran diversidad de especies de plantas y animales?

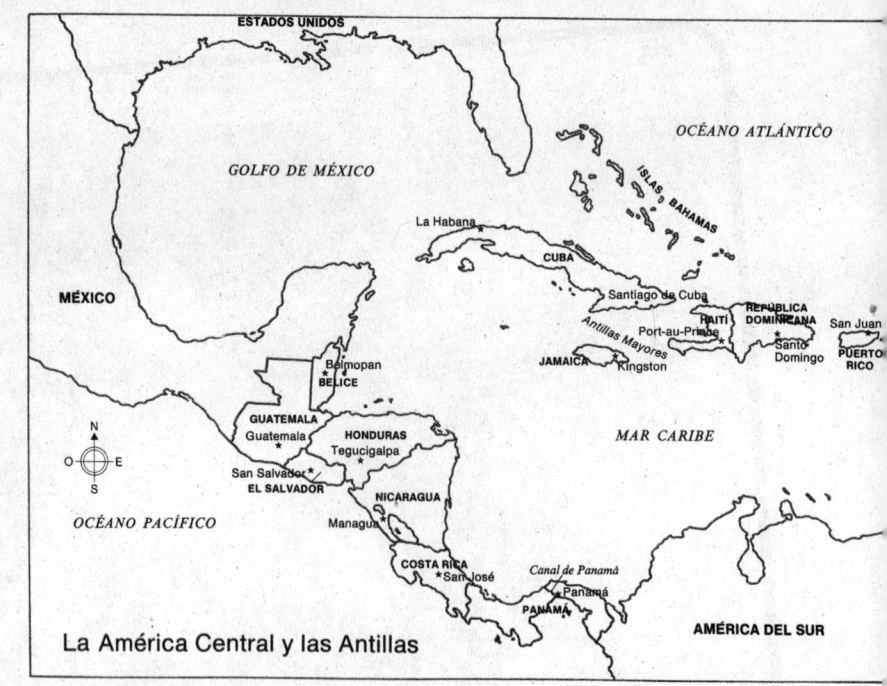

La América Central y las Antillas

66 Unidad 5, Lección 3

Unidad 6, Lección 1

Nombre _____ **Fecha** _____

Conexiones

A **Un día de estos.** ¿Qué pasará en el cuento *Un día de estos* de Gabriel García Márquez? ¿Puedes predecirlo? Vuelve a escribir el cuento con el futuro de los verbos indicados. (Si el sujeto está entre paréntesis, no hace falta repetirlo.)

MODELO   alcalde / aparecer / en el umbral
El alcalde aparecerá en el umbral.

1. (alcalde) / haberse afeitado / la mejilla izquierda
_____

2. dentista / ver en sus ojos / mucha desesperación
_____

3. (dentista) / cerrar la gaveta / con la punta / de los dedos
_____

4. alcalde / apoyar la cabeza / en el cabezal / de la silla
_____

5. (alcalde) / decirle al dentista / que / tener que ser / sin anestesia
_____

6. dentista / apretar la muela / con el gatillo caliente
_____

7. alcalde / sentir un crujido de huesos / en la mandíbula
_____

8. sus ojos / llenarse / de lágrimas
_____

9. (alcalde) / secarse / las lágrimas
_____

10. (alcalde) / ponerse de pie
_____

11. (alcalde) / despedirse / con un saludo militar
_____

12. (alcalde) / cerrar la puerta / y / irse
_____

¡A practicar!   67

Nombre _____ Fecha _____

B **Gabriel García Márquez.** Eres narrador(a) de un documental sobre la vida de Gabriel García Márquez. Escribe la narración usando el futuro.

MODELO nacer en Aracataca el 6 de marzo de 1928
Nacerá en Aracataca el 6 de marzo de 1928.

1. cursar estudios de derecho y periodismo en Bogotá y Cartagena de Indias

2. crear Macondo, un pueblo imaginario, en su primera novela *La hojarasca*

3. conseguir la fama con la novela *Cien años de soledad*

4. en esa novela, culminar la historia del pueblo de Macondo y la familia Buendía

5. recibir el Premio Nóbel de Literatura en 1982

6. en 1992, escribir *Doce cuentos peregrinos*

C **Una visita al dentista.** ¡Vas a ir al dentista! ¿Qué crees que te va a pasar allí?

MODELO dentista: sacarme rayos equis
El dentista me sacará rayos equis.

1. dentista: sacarme un diente _____
2. dentista: rellenarme una muela _____
3. dentista: limpiarme los dientes _____
4. yo: tener un dolor de muela _____
5. yo: tener un absceso _____
6. yo: insistir en la anestesia _____
7. yo: temer la fresa _____
8. yo: hacer buches de agua _____

Unidad 6, Lección 1

Nombre _____ **Fecha** _____

Teatro para ser leído. Eres el (la) director(a) de una obra de teatro. Les estás contando a los actores que van a hacer durante sus escenas. ¿Qué les dices?

MODELO   Marisela va a girar a la derecha.
         Marisela girará a la derecha.

1. Juan y Diego van a girar a la izquierda.
   _____

2. Todos nosotros vamos a dar media vuelta.
   _____

3. Tú te vas a quejar y luego vas a temblar.
   _____

4. Todos se van a poner de pie.
   _____

5. Armando va a fingir operar la fresa.
   _____

6. Arnulfo va a cambiar de expresión.
   _____

7. Arnulfo va a afirmar los talones y va a abrir la boca.
   _____

8. Armando va a sacarle la muela.
   _____

9. Arnulfo va a llorar de dolor.
   _____

10. Arnulfo le va a dar un saludo militar.
    _____

¡A practicar!

Nombre _____ Fecha _____

¡Exprésate!

El Ciberespacio *Cyberspace*

el buzón electrónico *electronic mailbox*

el concurso electrónico *electronic contest*

conectarse/desconectarse del Internet *to connect or disconnect from the Internet*

la edición electrónica *electronic edition*

en línea *online*

los foros de discusión *discussion forums*

interactivo *interactive*

la página inicial *home page*

los periódicos y las revistas electrónicos *electronic newspapers and magazines*

el programa de búsquedas *search engine software*

la Red Mundial de Computadoras *World Wide Web*

E **Periódico estudiantil electrónico.** Tú y varios amigos han decidido crear un periódico estudiantil electrónico. Primero decidan cuáles departamentos van a ofrecer.

MODELO   Un foro de discusión sobre los partidos deportivos del colegio.
             Un concurso electrónico sobre los temas de la clase de historia.

1. _____
2. _____
3. _____
4. _____
5. _____

Unidad 6, Lección 1

Nombre _____ Fecha _____

F **La página inicial.** Ahora que ya saben cuáles departamentos van a ofrecer, tienen que diseñar la página inicial. Deben incluir el título del periódico. Todos los departamentos tienen que tener un dibujo y una explicación de lo que pasará si pulsas ese botón. Recuerda que el dibujo debe reflejar el contenido del departamento: por ejemplo, si se trata de deportes, el dibujo debe ser una imagen deportiva.

www.Mundo21.edu

http://www.mundo21.edu/per.est.htm

El periódico estudiantil

Pulse aquí

Pulse aquí

Pulse aquí

Pulse aquí

Pulse aquí

Unidad 6, Lección 1

¡A practicar! 71

Nombre _____ **Fecha** _____

Vocabulario activo

Gente
el (la) activista *activist*
las aras *circles, as in winner's circles*
el (la) automovilista *auto racer*
avanzar *to go forward*
bronce *bronze*
el (la) escultor(a) *sculptor*
imaginario(a) *imaginary*
recursos *resources*
la sátira *satire*

Culturas precolombinas hasta **El proceso de independencia**
la audiencia *district under a court's jurisdiction*
el barco *boat*
depender *to depend*
el desacuerdo *disagreement*
disminuir *to diminish, reduce, lessen, decrease*
el mestizaje *cross-breeding*
motivar *to motivate, cause*
renunciar *to resign, renounce*
sumergirse *to plunge, dive*
vencido(a) *defeated*
el virrey *viceroy*

Luchas entre conservadores y liberales y **La violencia**
efectuarse *to take place, be carried out*
exhausto(a) *exhausted*
el istmo *isthmus*
la ola *wave*
la prosperidad *prosperity*

La década de 1990
aliado(a) *allied*
atacado(a) *attacked*
fugitivo(a) *fugitive*
mostrar *to show, demonstrate*
el (la) narcotraficante *drug-dealer*
el narcotráfico *the drug trade*

Más práctica

Mañana. Estas jóvenes universitarias participan en muchas actividades, como puedes ver en la cantidad de cosas que tienen en su cuarto. ¿Qué van a hacer mañana? Por cierto una de las chicas sacará fotos y la otra quizás esquiará. ¿Qué otras cosas harán?

15. Objetos comunes y preposiciones de ubicación

Unidad 6, Lección 1

Unidad 6, Lección 2

Nombre _____ Fecha _____

Conexiones

A **Tu candidatura.** Como Rubén Blades, anuncias tu candidatura para la presidencia. Ahora tienes que dar un discurso sobre lo que harías para mejorar la situación económica, política y social de tu país. ¿Qué prometes que harías si ganaras las elecciones?

MODELO pasar leyes para proteger el medio ambiente
Pasaría leyes para proteger el medio ambiente.

1. darles asistencia médica a los pobres y a los ancianos
   _____

2. bajar los impuestos de la clase trabajadora
   _____

3. poner computadoras en todas las escuelas primarias y secundarias
   _____

4. crear nuevos empleos en todas las industrias
   _____

5. castigar a las empresas culpables de contaminación del medio ambiente
   _____

B **El Canal de Panamá.** Describe la historia del Canal de Panamá. Usa el condicional.

MODELO **En 1903 el gobierno de EE.UU. obtendría el derecho de construir el Canal de Panamá.**

1. Los constructores _____ los planes de construir un canal a nivel del mar. *(rechazar)*

2. _____ usar un sistema de compuertas y esclusas. *(decidir: ellos)*

3. El Canal de Panamá _____ uno de los mayores logros de la ingeniería del siglo XX. *(ser)*

4. Se _____ entre 1904 y 1914. *(construir)*

5. _____ una longitud de 82 kilómetros y una anchura mínima de 33,5 metros. *(tener)*

6. La construcción del canal _____ la creación del enorme lago artificial de Gatún. *(incluir)*

7. Su construcción _____ 400 millones de dólares. *(costar)*

8. Más de 65.000 personas _____ en ella. *(trabajar)*

¡A practicar! 73

Nombre _____ **Fecha** _____

C **Rubén Blades.** Escribe un artículo sobre la historia de la vida y el éxito de Rubén Blades. Usa el condicional. (Si el sujeto está entre paréntesis, no hace falta repetirlo.)

MODELO Un joven abogado / llamado Blades / destacarse / como salsero / en su país
Un joven abogado llamado Blades se destacaría como salsero en su país.

1. (Blades) / hacer sus maletas / y / irse a Nueva York
_____

2. (Blades) llegar / a Nueva York / entusiasmado
_____

3. (él) / trabajar / como / mensajero
_____

4. por suerte / (él) / conocer / al gran conguero / Ray Barreto
_____

5. los dos socios / lanzar / un LP / que / hacer historia / en la salsa
_____

6. los pesimistas / equivocarse
_____

7. *Pedro Navaja* / ser / un éxito / sin precedente
_____

8. Blades / actuar / en una película / titulada *Crossover Dreams*
_____

9. (él) / posponer / su carrera artística
_____

10. (él) / matricularse / en un programa / de maestría / en derecho internacional / de Harvard
_____

11. después de graduarse / (él) / regresar / a la música / y / al cine
_____

12. en 1993 / (él) / anunciar / su candidatura / a la presidencia / de Panamá
_____

74 Unidad 6, Lección 2

Nombre _____ Fecha _____

¡Exprésate!
Los medios de comunicación

Los periódicos y las revistas

Secciones
- el arte y el cine
- los anuncios de empleo
- los anuncios de ventas
- los artículos
- la belleza
- las crónicas sociales
- los deportes
- las historietas
- la moda
- las noticias locales
- las noticias nacionales
- las noticias internacionales
- el pronóstico del tiempo
- la salud

LA TELEVISIÓN Y LA RADIO

Tipos de programación
- el documental
- los foros de discusión política
- el noticiero
- la película
- el programa de concursos
- el programa deportivo
- el programa de entrevistas
- el programa musical
- el programa del radioterapeuta
- la publicidad
- la serie
- la telecomedia
- la telenovela

Unidad 6, Lección 2

D **Mi programa.** Escoge un medio de comunicación que te atraiga. Escoge una sección o un tipo de programación. Escoge un tema o escoge a alguien famoso(a) para entrevistar. ¡Escribe tu propio programa! ¡Sé original!

_____
_____
_____
_____
_____
_____
_____
_____
_____
_____

¡A practicar!

Vocabulario activo

Gente
el (la) ambientalista *environmentalist*
la candidatura *candidacy*
los (las) empresarios(as) *business people*
interoceánico(a) *between oceans*
opositor(tora) *opposition*
la presidencia *presidency*
el profesorado *professorship*
la trayectoria *trajectory, path, course*

Los primeros exploradores y La colonia
atraer *to attract*
atravesar *to pass through; to go across*
la construcción *construction*
decaer *to decline, fall*
denominado(a) *named, called*
intensificar *to intensify*
el mar *sea*
la mercancía *trade, commerce*
el océano *ocean*
opulento(a) *opulent, wealthy*
el pez / los peces *fish*
el puerto *port*
restablecer *to reestablish*
saquear *to sack, plunder, loot, pillage*
suprimir *to suppress, eliminate, do away with*
tocar *to touch, come in contact with*

La independencia y El istmo en el siglo XIX
aislado(a) *isolated*
conmemorar *to commemorate, celebrate*
contrario(a) *contrary, opposing*
convocar *to convoke, call together, convene*
el descubrimiento *discovery*
la desintegración *disintegration*
encargado(a) *commissioned, in charge*
fallido(a) *failed*
el fracaso *failure*
interoceánico(a) *interoceanic*
obligado(a) *necessary, obliged*
ratificar *to ratify, confirm, approve*
revitalizar *to revitalize*

La República de Panamá
conceder *to concede; to give*
el desorden *disorder, confusion*
la franja *strip (of land)*
impedir *to impede; to prevent*
la perpetuidad *perpetuity*
el protectorado *protectorate*
el resentimiento *resentment; grudge*
el (la) separatista *separatist*

La época contemporánea
la cesión *cession, transfer*
la corte *court*
culpable *guilty*
descontento(a) *displeasure, dissatisfaction*
molesto(a) *bothered, upset, annoyed*
el (la) traficante de drogas *drug trafficker*
la transferencia *transfer*

Más práctica

32. El subjuntivo, el futuro, el condicional

Los novios. ¿Qué pasaría si esta pareja se casara? ¿Podrías predecir su futuro usando el condicional? Trata de hacerlo.

Unidad 6, Lección 3

Nombre _____ **Fecha** _____

Conexiones

A **Ifigenia.** Eres el (la) productor(a) de la telenovela caraqueña *Ifigenia*, que se basa en el libro de Teresa de la Parra. ¿Qué les dirás a todos los empleados de la producción?

MODELO el director: contratar a la mejor actriz de Caracas
Le diría al director que contratara a la mejor actriz de Caracas.

1. la diseñadora: estudiar el vestuario de esa época
   _____

2. los diseñadores del escenario: buscar muebles antiguos
   _____

3. los actores: interpretar sus papeles auténticamente
   _____

4. los técnicos: iluminar el escenario románticamente
   _____

5. todos: esforzarse para hacer su mejor trabajo
   _____

B **Caracas, la ciudad ultramoderna.** Estás pensando sobre la posibilidad de trasladarte a Latinoamérica. ¿Qué piensas?

MODELO querer vivir en Latinoamérica (vivir en Caracas)
Si yo quisiera vivir en Latinoamérica, viviría en Caracas.

1. vivir en Caracas (trabajar en la ciudad)
   _____

2. trabajar en la ciudad (alquilar un apartamento en pleno centro)
   _____

3. alquilar un apartamento en pleno centro (no necesitar carro)
   _____

4. no necesitar carro (no comprar uno)
   _____

5. no tener carro (usaría el metro)
   _____

¡A practicar!

Nombre _____   Fecha _____

C Amigos venezolanos. Si estuvieran tus amigos venezolanos de visita en tu casa, ¿qué les sugerirías que hicieran?

MODELO **Les sugeriría que visitaran el Museo de Bellas Artes.**

1. _____

2. _____

3. _____

4. _____

5. _____

6. _____

Unidad 6, Lección 3

Nombre _____ **Fecha** _____

¡Exprésate!
Los profesionales en los medios de comunicación

LA TELEVISIÓN Y LA RADIO

- **el (la) camarógrafo(a)** *cameraperson*
- **el (la) director(a)** *director*
- **el (la) diseñador(a) del escenario** *set designer*
- **el (la) diseñador(a) del vestuario** *costume designer*
- **el (la) entrevistador(a)** *interviewer*
- **el (la) locutor(a)** *newscaster*
- **el (la) maquillador(a)** *make-up artist*
- **el (la) productor(a)** *producer*
- **el (la) reportero(a)** *reporter*
- **el (la) técnico(a) de sonido** *sound technician*

Los periódicos y las revistas

- **el (la) columnista** *columnist*
- **el (la) componedor(a)** *typesetter*
- **el (la) diseñador(a) de texto** *text designer*
- **el (la) fotógrafo(a)** *photographer*
- **el (la) editor(a)** *editor*
- **el (la) editor(a) ejecutivo(a)** *executive editor*
- **el (la) editor(a) gerente** *managing editor*
- **el (la) maquetador(a)** *layout person*
- **el (la) periodista** *journalist*
- **el (la) reportero(a)** *reporter*

Unidad 6, Lección 3

D Yo quiero ser... ¿Qué quieres ser tú? ¿Te interesa el trabajo de algunos de estos profesionales? ¿Cuál y por qué? ¿Qué harías si fueras periodista? Escribe un párrafo describiendo la profesión que te interesa, por qué te interesa y qué harías si estuvieras en esa profesión.

_____
_____
_____
_____
_____
_____
_____
_____
_____
_____

¡A practicar!

Vocabulario activo

Gente
la barrera *barrier*
el concurso *contest, competition*
la contribución *contribution*
la democratización *democratization*
el entretenimiento *entertainment*
la guerrilla *guerilla troops*
interpretar *to interpret*
lograr *to accomplish*
la perspectiva *perspective, point of view*

Los primeros exploradores
apoderarse *to seize, take possession of, appropriate*
habitar *to inhabit*
la orilla *bank (of a river), shore*
la perla *pearl*
los pilotes *piles*
pisar *to step on, step foot on*
retirarse *to withdraw, leave*
la riqueza *richness, wealth*
la tierra firme *solid ground*

La colonia y **La independencia**
declarar *to declare*
desilusionado(a) *disillusioned, disappointed*
establecerse *to be established, be set up*
las flotas *fleets*
lejano(a) *distant, far-off*
el (la) llanero(a) *plainsman, plainswoman*
el nacionalismo *nationalism*
proveer *to provide*
reafirmar *to reaffirm*
rendirse *to surrender*
resentir *to resent*
la seguridad *security*
la semilla *seed*

Un siglo de caudillismo
la aristocracia *aristocracy*
el caudillo *chief, leader, commander*
ejercer *to exercise (one's rights)*
reprimido(a) *repressed*
sanguinario(a) *bloodthirsty, cruel*
la sucesión *succession*
el (la) terrateniente *land holder*
urbano(a) *urban, of the city*

La consolidación y **El desarrollo industrial**
la alianza *alliance*
la corrupción *corruption*
cuadruplicar *to quadruple*
el ingreso *income*
el partido político *political party*
propuesto(a) *proposed*
el (la) socio(a) *member, associate*
la transición *transition*

Más práctica

Situaciones. ¿Puedes describir las situaciones de las personas en el dibujo? Acuérdate que tienes que usar el verbo **tener**.

30. Expresiones con *tener*

Unidad 6, Lección 3

Unidad 7, Lección 1

Nombre _____ **Fecha** _____

Conexiones

A **Viaje al Perú.** Le estás comentando a un(a) amigo(a) qué desearías que hiciera si fuera al Perú. ¿Qué le dices?

MODELO subir a Machu Picchu
Desearía que subieras a Machu Picchu.

1. leer sobre las ruinas incas
   _____

2. comprar cerámicas peruanas
   _____

3. ir al sitio arqueológico de Sipán
   _____

4. sacar fotos de Nazca
   _____

5. conocer las ruinas de Chan Chan
   _____

6. visitar Koricancha, la fortaleza inca en Cuzco
   _____

B **Entrevistas.** Hablaste con varias personas peruanas durante tu viaje al Perú. Les preguntaste qué clase de gobierno querían. Ahora le estás contando a un(a) amigo(a) los resultados de tus entrevistas informales.

MODELO dedicarle más dinero a la educación
La gente pedía un gobierno que le dedicara más dinero a la educación.

1. tener más compasión para los pobres
   _____

2. ser más eficiente
   _____

3. resolver los problemas ambientales
   _____

4. cambiar las leyes anticuadas
   _____

5. tomar en cuenta los problemas de los trabajadores
   _____

¡A practicar! 81

Nombre _____ **Fecha** _____

C **El hombre y la víbora.** Mariluz acaba de leer la leyenda quechua *El hombre y la víbora* y le está contando sus reacciones a una compañera de clase. ¿Qué le dice?

MODELO   yo / no querer que / hombre / ayudar a / víbora
Yo no quería que el hombre ayudara a la víbora.

1. yo / temer que / víbora / picarlo
   _____

2. ser increíble que / víbora / no darle las gracias
   _____

3. yo / dudar que / buey / estar de acuerdo / con / hombre
   _____

4. yo / temer que / caballo / ponerse del lado de / víbora
   _____

5. ser increíble que / caballo / quejarse
   _____

6. no ser verdad que / piedra / ser / tan pequeña
   _____

7. yo / dudar que / zorro / salvar a / hombre
   _____

8. zorro / decirle al hombre / matar a / víbora
   _____

Nombre _____ **Fecha** _____

¡Exprésate!

En el consultorio del médico

¿Estás enfermo(a)? ¿Cuáles son tus síntomas?

Estoy mareado(a). / Me dio un mareo. *I'm dizzy. / I had a dizzy spell.*
Me desmayé. *I fainted.*
No paro de estornudar. *I can't stop sneezing.*
Siento náuseas. *I feel nauseous.*
Sufro de insomnio. *I have insomnia.*
Tengo fiebre. *I have a fever.*
Tengo la garganta inflamada. *My throat is inflamed.*
Tengo mucha tos. *I've been coughing a lot.*

¿Qué dice el (la) médico(a) que tienes?

Dice que tengo alergias. *He (she) says I have allergies.*
Dice que tengo bronquitis. *He (she) says I have bronchitis.*
Dice que tengo catarro. *He (she) says I have a cold.*
Dice que tengo gripe. *He (she) says I have a flu.*
Dice que tengo una infección (del ..., de la...) *He (she) says I have an infection.*
Dice que tengo pulmonía. *He (she) says I have pneumonia.*
Dice que tengo un resfriado. *He (she) says I have a cold.*

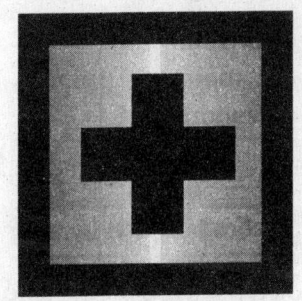

¿Qué va a hacer el (la) médico(a)?

Me va a recetar unos antibióticos. *He (she) is going to prescribe me some antibiotics.*
Me va a poner una inyección de penicilina. *He (she) is going to give me a shot of penicillin.*
Me va a recetar unas gotas. *He (she) is going to prescribe me some drops.*
Me va a recetar un jarabe para la tos. *He (she) is going to prescribe me some cough medicine.*
Me va a recetar unas pastillas. *He (she) is going to prescribe me some pills.*
Me va a sacar radiografías. *He (she) is going to take some X-rays.*
Me va a tomar la presión. *He (she) is going to take my blood pressure.*
Me va a tomar la temperatura. *He (she) is going to take my temperature.*

D El examen físico. Ve a la página 84 de este cuaderno y practica el vocabulario que ya sabes sobre las enfermedades y los síntomas.

E ¡No me siento bien! En una hoja aparte, describe un día en el que no te sentiste muy bien. ¿Fuiste al consultorio de un(a) médico(a)? ¿Cómo le describiste tus síntomas? ¿Qué te dijo que tenías? ¿Qué te recetó? ¿Te sentiste mejor, o no? Describe el día con todo el detalle que puedas.

¡A practicar!

Nombre _____ **Fecha** _____

Vocabulario activo

Gente
la ciudad natal *birthplace, hometown*
encabezar *to head up, to direct*
la etiqueta *label*
las Naciones Unidas *United Nations*

Las grandes civilizaciones antiguas y **La conquista**
a finales de *at the end of*
el altiplano *high plateau, high tableland*
andino(a) *Andean*
anterior *previous, former, preceding*
la cerámica *ceramics*
condenar *to condemn; to sentence*
desembarcar *to disembark; to unload, put ashore*
florecer *to flourish, prosper*
precolombino(a) *pre-Columbian*
el (la) seguidor(a) *follower*

La colonia y **La independencia**
el (la) aristócrata *aristocrat*
la autoridad *authority*
la batalla *battle*
la desembocadura *mouth, outlet (of a river)*
el embarque *shipment*
entrevistarse *to have a meeting or an interview*
la extracción *extraction, removal*
la iniciativa *initiative*
la revuelta *revolt*
los Reyes Magos *the Three Kings; the Three Wise Men*

La joven república y **La Guerra del Pacífico**
el asunto *matter, affair*
el depósito *deposit, accumulation*
el desierto *desert*
el fertilizante *fertilizer*
fronterizo(a) *frontier, border*
gozar (de) *to enjoy*
el guano *manure derived from bird droppings*
independiente *independent*
la mediación *mediation*
mutuo(a) *mutual*
el nitrato *nitrate*

La época contemporánea
agobiar *to overwhelm, oppress*
la confianza *confidence*
refugiarse *to take refuge*
el terrorismo *terrorism*

Más práctica

El Centro Médico. Estás en el Centro Médico Morales. ¿Puedes describir los síntomas de todas las personas en la sala de espera?

En el consultorio. Estás en el consultorio de la Dra. Morales. ¿Qué te sugiere? ¿Qué está haciendo la enfermera?

27. La clínica

28. El examen físico

Unidad 7, Lección 1

Unidad 7, Lección 2

Nombre _____ Fecha _____

Conexiones

A Arturo. Arturo fue a Ecuador hace unos años y le está contando a un amigo vía correo electrónico cómo le fue. Completa su carta con la forma apropiada del imperfecto de subjuntivo de los verbos indicados.

Para:	Miguel35	Copias a:	
De:	Arturo15		
Tema:	Ecuador	Archivo:	

Fui a Ecuador antes de que _____ de la universidad. *(graduarme)* Me quedé seis meses para que _____ tiempo de conocer el país. *(tener)* Mis padres no se preocupaban mucho con tal de que les _____ una vez por semana. *(llamar)* Mientras que _____ el español y _____ mis estudios, estaban felices por mí. *(practicar, continuar)* Sin que les _____ dinero, me lo mandaban regularmente. *(pedir)* En caso de que _____ una emergencia médica, siempre cargaba conmigo su número de teléfono. *(haber)* Si _____ ir otra vez, me quedaría un año. *(poder)* Y tú, ¿no has soñado alguna vez con en viajar a Sudamérica? Hablemos más sobre el tema.   Arturo

B Los casados. Estos novios se prometieron que iban a viajar a Ecuador, bajo ciertas condiciones. Usando el imperfecto de subjuntivo, descubre bajo qué condiciones pensaban hacer el viaje.

MODELO viajar a Ecuador → cuando (cumplir tres años de casados)
Iban a viajar a Ecuador cuando cumplieran tres años de casados.

1. guardar su dinero → hasta que (tener lo suficiente)
   _____

2. pedir sus pasaportes → después de que (sacar sus fotos)
   _____

3. comprar sus boletos → en cuanto (recibir sus pasaportes)
   _____

4. registrarse en el hotel → tan pronto como (llegar a Quito)
   _____

5. disfrutar de sus vacaciones → aunque (no tener mucho tiempo)
   _____

¡A practicar! 85

Nombre _____ **Fecha** _____

C **Las Galápagos.** Según el contexto de las oraciones, decide si debes usar el indicativo o el subjuntivo en los espacios en blanco.

1. Cuando _____ Charles Darwin a las islas Galápagos en 1835, se obsesionó con las variaciones en las especies. *(llegar)*

2. Demasiado turismo podría ser desastroso para las Galápagos, aunque _____ beneficioso para la economía ecuatoriana. *(ser)*

3. El gobierno designó a algunas de las islas como reservas naturales tan pronto como _____ del peligro de extinción. *(darse cuenta)*

4. Tan pronto como _____ un segundo aeropuerto, empezó a llegar más gente. *(abrir–ellos)*

5. Sería importante que el gobierno _____ de limitar el turismo. *(tratar)*

6. Podríamos salvar las islas con tal de que _____ soluciones ambientales. *(encontrar)*

7. Sería importante que el gobierno ecuatoriano _____ medidas drásticas para proteger su tesoro nacional. *(tomar)*

8. La gente del mundo tendría que unirse en contra de la contaminación para que la flora y fauna _____. *(sobrevivir)*

Unidad 7, Lección 2

Nombre _____   **Fecha** _____

¡Exprésate!

La dieta de proteínas que no duele
¡Pierde peso sin morirte de hambre!

Diez fuentes de proteínas

Sólo con productos lácteos y ciertos vegetales, puedes llenar tu cuota diaria de proteínas. Además, muchos son ricos en fibra, lo cual te hace sentir lleno(a).

Alimento	Proteínas gramos	Grasa gramos	Calorías
Requesón bajo en grasa, 1/2 taza	16	2	100
Yogur, desgrasado, 1 taza	12	4	145
Tofu, 1/2 taza	10	6	95
Lentejas, 1/2 taza cocinadas	9	5	115
Frijoles colorados, 1 taza	8	5	112
Leche descremada, 1 taza	8	5	85
Garbanzos, 1/2 taza	7	2	134
Avena, 1 taza	6	2	145
Semillas de girasol, 1 cucharada	6	14	160
Chícharos, 1/2 taza cocinados	4	trazos	65

Unidad 7, Lección 2

D **Las proteínas.** ¿Cuántas calorías tienen los siguientes productos lácteos y vegetales? ¿Son algunos parte de tu dieta diaria? ¿Cuáles prefieres?

1. *Skimmed milk* _____
2. *Red beans* _____
3. *Oatmeal* _____
4. *Sunflower seeds* _____
5. *Peas* _____
6. *Low fat cottage cheese* _____
7. *Low fat yogurt* _____
8. *Lentils* _____
9. *Chickpeas* _____

¡A practicar!

Nombre _____ **Fecha** _____

Vocabulario activo

Gente
abstraer to abstract, make abstract
deformar to deform
infrahumano(a) subhuman
la juventud youth
el pigmento pigment
el (la) practicante practitioner

Época prehispánica e hispánica
anexar to annex
guerrero(a) warlike
heredar to inherit
el (la) heredero(a) heir
reemplazar to replace

Proceso independentista
la asamblea assembly, meeting, congress
enviar to send
la reunión reunion, meeting
tener lugar to take place

Ecuador independiente
amazónico(a) Amazonian
coincidir to coincide
cosmopolita cosmopolitan
la empresa enterprise, business
el (la) hacendado(a) person owning real estate, landowner
oponerse to oppose
reclamar to claim, ask for, demand
la rivalidad rivalry

Época más reciente
acelerado(a) accelerated
el desarrollo development
la disminución decrease
el golpe de estado coup d'etat
petrolero(a) petroleum

Más práctica

El mercado. ¿Puedes nombrar las frutas y los vegetales en el dibujo? ¿Cuáles son los más nutritivos? ¿Cuáles comes tú? ¿Con qué frecuencia los comes?

19. Las frutas y los vegetales

88 Unidad 7, Lección 2

Unidad 7, Lección 3

Nombre _____ Fecha _____

Conexiones

A **Ventana al Mundo 21.** ¿Qué aprendiste sobre el folklore y la música andina? Para saber, completa las siguientes oraciones. Primero escoge el verbo de la lista que tiene más sentido según el contexto de la oración, y entonces asegúrate que estás usando el presente perfecto de indicativo.

revitalizar incluir existir
haber mantener oír compartir
escuchar lograr tratar ser

MODELO Los pueblos de las mesetas andinas **han compartido** una tradición cultural que incluye Ecuador, el Perú, Chile y Argentina.

1. _____ un folklore andino por muchos siglos.

2. El folklore andino siempre _____ las costumbres, la vestimenta, la tradición oral, la danza y la música.

3. El folklore musical de los pueblos andinos siempre _____ sumamente rico.

4. Los andinos _____ la música folklórica a través de la tradición oral.

5. Con su gran variedad de instrumentos, los conjuntos andinos _____ imitar el sonido del viento en lo alto de los Andes.

6. Unos grupos con proyección internacional _____ la música andina.

7. Yo nunca _____ el sonido del charango.

8. Nosotros _____ de ir a conciertos de grupos andinos, pero no _____ muchas oportunidades en nuestra comunidad.

9. Y tú, ¿alguna vez _____ la música misteriosa de los Andes?

¡A practicar! 89

Nombre _____ **Fecha** _____

B **Fragmentos.** Varias personas en tu clase se están haciendo preguntas sobre lo que saben de la cultura de Bolivia. Escribe el diálogo entre ellos, según las indicaciones. Usa el presente perfecto de indicativo y sigue el modelo.

MODELO   tú: estudiar alguna vez la cultura de los aymaras
—¿Has estudiado alguna vez la cultura de los aymaras?
—Sí, (No, no) he estudiado la cultura de los aymaras.

1. tú: ver una boda aymara

2. ustedes: apreciar como construyen balsas con el junco que crece a orillas del lago Titicaca

3. usted: recibir la tarjeta postal que le mandé de Bolivia

4. tú: viajar a Bolivia alguna vez

5. ustedes: ver una llama alguna vez

6. tú: ponerte un poncho hecho de lana de llama

Unidad 7, Lección 3

Nombre _____ **Fecha** _____

C Opiniones. Has aprendido mucho sobre la historia y cultura de Bolivia. Ahora escribe tus opiniones sobre varios temas al respecto. Escribe ocho oraciones usando el presente perfecto de subjuntivo. Puedes usar las frases y los temas indicados, o puedes escoger otros. Estudie el modelo y luego decide.

EJEMPLO   Es increíble que los aymaras hayan mantenido sus antiguas tradiciones a pesar de la conquista española.

Espero que
Dudo que
Me alegra que
Lamento que

Es increíble que
Es posible que
Es dudoso que
No es evidente que

Temas
los aymaras
Tiahuanaco
la Puerta del Sol
Jaime Paz Zamora
la música andina
el lago Titicaca
María Luisa Pacheco
una boda aymara

1. _____
2. _____
3. _____
4. _____
5. _____
6. _____
7. _____
8. _____

¡A practicar!

Nombre _____ Fecha _____

¡Exprésate!

¡Suelta tu energía poniéndote en forma!

¿Tienes algunos kilos de más? Es muy importante que los elimines y te pongas en forma haciendo ejercicio. Aquí te damos 4 opciones que están al alcance de todos.

aeróbicos
Sus beneficios:
- ✔ Mejoran el estado físico de los pulmones, el corazón y el sistema circulatorio.
- ✔ Se fortalecen los huesos porque ayudan a que se absorba mejor el calcio.
- ✔ Dan flexibilidad.
- ✔ Sirven para quemar calorías.
- ✔ Ayudan a mejorar la digestión.
- ✔ Sirven para liberar las tensiones y te dan energía.

brincar la cuerda
Sus beneficios:
- ✔ Da condición física.
- ✔ Lo puedes hacer en cualquier lugar.
- ✔ Es muy barato.
- ✔ Ayuda a mejorar el sistema circulatorio, el funcionamiento del corazón y los pulmones.
- ✔ Sirve para relajarte y evitar el estrés.

bicicleta
Sus beneficios:
- ✔ Es muy bueno para quemar calorías.
- ✔ Acondiciona tanto el corazón como los pulmones.
- ✔ Fortalece mucho las piernas.
- ✔ Puedes quemar hasta 600 calorías en una hora.
- ✔ Ayuda para descargar energía y relajarte.

patinar
Sus beneficios:
- ✔ Es uno de los mejores ejercicios aeróbicos y da mucha condición física.
- ✔ Ayuda el sistema cardiovascular.
- ✔ Fortalece los músculos de las piernas.
- ✔ Puedes quemar hasta 500 calorías en una hora.
- ✔ Es muy divertido si vas con tus amigos.
- ✔ Puede ayudar a reducir el estrés.

Nombre _____ **Fecha** _____

D **Tu rutina.** Ya todo el mundo sabe que es importante comer alimentos nutritivos, hacer ejercicio y dormir suficiente para estar saludable y de buen humor la mayoría del tiempo. Describe tu rutina. ¿Por qué escoges el ejercicio o deporte que practicas? ¿Cuántas veces por semana lo haces? Describe la rutina que sigues para ponerte y mantenerte en forma. Explica por qué escogiste esa rutina. Si no tienes una rutina, describe la rutina que piensas que te vendría mejor.

MODELO **Yo hago ejercicios aeróbicos después del colegio todos los días. Me gusta hacerlos porque los puedo hacer escuchando música o viendo la televisión. También los puedo hacer a cualquier hora. No necesito equipo muy sofisticado, lo cual es un beneficio tremendo. ¡También sirve para quemar muchas calorías!**

_____
_____
_____
_____
_____
_____
_____
_____

E **Consejos.** Dales consejos a dos amigos que quieren perder peso y tener más energía.

MODELO **Debes brincar la cuerda por media hora todos los días. Las cuerdas son muy baratas, y ¡puedes brincar donde quieras! Te relajas, evitas el estrés y ¡quemas calorías! ¿Qué más quieres?**

1. Amigo(a) 1: _____
_____
_____
_____
_____

2. Amigo(a) 2: _____
_____
_____
_____
_____

Unidad 7, Lección 3

¡A practicar! 93

Nombre _____ Fecha _____

Vocabulario activo

Gente
la afirmación *statement*
el (la) aprendiz *apprentice*
el becario *fellowship student*
encarcelado(a) *imprisoned, jailed*
el éxito *success*
psíquico(a) *psychic*
sociológico(a) *sociological*

Período prehispánico y **Conquista y colonia**
la altura *height; altitude*
el ancho *width*
el cerro *hill*
densamente *densely*
inhumanamente *inhumanely*
minero(a) *mining*
el pie *foot; bottom*

La independencia y el siglo XIX
la amenaza *threat*
el compromiso *compromise*
decisivo(a) *decisive*
disputar *to dispute*

optar *to choose, select*
prevalecer *to prevail, triumph, overcome*
la sede *seat; headquarters*
el (la) vencedor(a) *conqueror, winner, victor*

Guerras territoriales y **De la revolución de 1952 al presente**
el auge *summit, apex*
el avance *advance*
el caucho *rubber*
la disputa *dispute*
la injusticia *injustice*
el malestar *malaise; uneasiness*

Más práctica

Los deportes. ¿Puedes identificar todos los deportes en el dibujo? ¿Cuál es tu favorito? ¿Por qué?

Ejercicio. Nombra las partes del cuerpo. ¿Cuáles ejercicios fortalecen cuáles partes del cuerpo?

25. Los deportes

26. El cuerpo

Unidad 8, Lección 1

Nombre _____ Fecha _____

Conexiones

A **Gente del Mundo 21.** ¿Qué aprendiste de las personas que se describen en la sección *Gente del Mundo 21*? Para saberlo, escribe oraciones basándote en el modelo. Usa el pretérito en la primera cláusula y el pluscuamperfecto de indicativo en la segunda.

MODELO Borges: trasladarse a Ginebra / dominar el inglés
Cuando se trasladó a Ginebra, ya había dominado el inglés.

1. Borges: una enfermedad dejarlo ciego / escribir muchos libros de poesía y ensayos

2. Herrera: bailar con el American Ballet Theater en Nueva York / estudiar ballet en Rusia

3. Espuelas: decidir juntar dinero para su proyecto del Internet / ser gerente regional

4. Peri Rossi: escribir su primer libro de cuentos / trabajar como profesora y periodista

B **¿Mujer o mito?** Eva Duarte de Perón, como dice el título, fue una mujer que pasó a ser mito. Pasaron muchas cosas en su vida que son realmente sorprendentes. Usa el pluscuamperfecto de subjuntivo para escribir unas oraciones sobre la vida de esta gran mujer.

MODELO ser sorprendente: venir de origen humilde
Es sorprendente que hubiera venido de origen humilde.

1. ser curioso: demostrar una gran habilidad en la oratoria

2. ser estupendo: lograr conseguir el derecho al voto para las mujeres argentinas

3. ser lamentable: morir tan joven

4. ser natural: convertirse en un verdadero mito

5. ser natural: hacerse una película sobre su vida

¡A practicar! **95**

Nombre _____ **Fecha** _____

C **El futuro de Mafalda.** ¿Qué pasará en los futuros de Mafalda, su familia y sus amigos? Trata de imaginarlo. Usando el subjuntivo en la primera cláusula y el futuro perfecto en la segunda, escribe seis oraciones especulando sobre los futuros de los personajes del vecindario de Mafalda. Estudia el modelo.

MODELO   Mafalda: graduarse del colegio → Guille: crecer mucho
Antes de que se gradúe Mafalda del colegio, Guille ya habrá crecido mucho.

1. Manolito: ser agente de bolsa → Libertad: destacarse como política
_____
_____

2. Susanita: lograr ser madre → Miguelito: pasar la crisis de los 40
_____
_____

3. Felipe: tomar alguna decisión → Guille: irse de casa
_____
_____

4. el padre de Mafalda: jubilarse → la madre de Mafalda: conseguir trabajo
_____
_____

5. Mafalda: casarse → Susanita: casarse
_____
_____

6. Guille: hacerse adulto → Mafalda y Libertad: conquistar el mundo
_____
_____

D **Fútbol.** El fútbol siempre ha sido importante en los países hispanohablantes. ¿Qué dice este chico de un partido en el que no pudo jugar?

MODELO   yo: no lastimarme / jugar en el partido de fútbol
Si yo no me hubiera lastimado, habría jugado en el partido de fútbol.

1. yo: jugar en el partido / meter un gol
_____

2. tú: ir al partido / ver el partido del siglo
_____

3. ellos: practicar más / ganar
_____

4. usted: estar allí / compartir en el triunfo de nuestro equipo
_____

5. nosotros: descuidarnos / perder
_____

Unidad 8, Lección 1

Nombre _____ **Fecha** _____

¡Exprésate!

cineasta traductor(a) profesor(a)
vendedor(a) contador(a)
detective electricista editor(a)
diseñador(a) artista constructor(a)
arquitecto(a) escritor(a)
científico(a) gerente de negocios
maestro(a) publicista
jardinero(a) policía
programador(a)

E Las profesiones. ¿Qué clase de trabajo o profesión buscas? Completa las oraciones con las profesiones lógicas.

MODELO Si eres muy creativo(a), **podrías ser cineasta.**

1. Si eres detallista, _____

2. Si eres persuasivo(a), _____

3. Si te fascina la electricidad, _____

4. Si te gusta contar el dinero, _____

5. Si te gusta dibujar, _____

6. Si te gusta el diseño, _____

7. Si te gusta hacer cuentas, _____

8. Si te gustan las lenguas extranjeras, _____

9. Si te gusta investigar, _____

10. Si te gusta trabajar al aire libre, _____

11. Si te gusta trabajar con la computadora, _____

12. Si te gusta trabajar con las manos, _____

13. Si te gusta trabajar con los niños, _____

14. Si te llevas bien con la gente, _____

15. Yo quiero ser ... porque .... _____

¡A practicar!

Nombre _____ Fecha _____

Vocabulario activo

Gente
asociarse *to be associated with*
el (la) bibliotecario(a) *librarian*
el (la) competidor(a) *competitor*
ciego(a) *blind*
dictar *to dictate, to pronounce*
la docencia *teaching, education*
la licenciatura en letras *master of arts*
el mercadeo *trade, marketing*
prolífico(a) *prolific, fruitful*
regional *regional*
soler *to be used to, accusmtomed to*

Argentina: Descubrimiento y colonización
el (la) cazador(a) *hunter*
la ganadería *cattle, livestock*
el gaucho *Argentinian cowboy*
la llanura *plain, flatland*
la pampa *pampa, extensive plain*

El "granero del mundo" y La era de Perón
acceder *to accede, agree*
el autoritarismo *authoritarianism*
congelado(a) *frozen*
la dependencia *dependence*
la legalización *legalization*
poner en evidencia *to give someone away; to show someone is lying*
el populismo *populism*
la red *network, net*

Las últimas décadas
la fusión *fusion*
la privatización *privatization*
reducir *to reduce*

Uruguay: La Banda Oriental del Uruguay
el caballo *horse*
despoblado(a) *depopulated, abandoned*
la yegua *mare*

El proceso de la independencia y Los blancos y los colorados
anexar *to annex*
aprovecharse *to benefit from*
el bienestar *well-being*
enfrentarse *to confront; to face*
incapaz *incapable, unable*
la rebelión *rebellion*

Avances y retrocesos
la bancarrota *bankruptcy*
contener *to contain*
el desempleo *unemployment*
normalidad *normality*
la paralización *paralyzation*
la represión *repression*
reprimir *to repress*
restaurar *to restore*

Más práctica

24. Las profesiones y las carreras

Los graduados. Los graduados en el dibujo están pensando en varias profesiones. ¿Cuáles crees tú que vayan a escoger?

Unidad 8, Lección 1

Unidad 8, Lección 2

Nombre _____ Fecha _____

Conexiones

A **Gente del Mundo 21.** Di lo que aprendiste sobre los paraguayos famosos en la sección *Gente del Mundo 21*.

MODELO José Luis Chilavert: nacer en Luque, Paraguay en 1965.
Aprendí que José Luis Chilavert nació en Luque, Paraguay en 1965.

1. José Luis Chilavert: regresar a jugar a Argentina, a pesar de tener mejores ofertas.

2. Alfredo Stroessner: ocupar la presidencia de Paraguay durante 35 años

3. Josefina Plá: nacer en España

4. Josefina Plá: publicar varios libros sobre la cultura y literatura paraguaya

5. Berta Rojas: ser una famosa guitarrista de música clásica

B **Los guaraníes.** ¿Qué pasó cuando llegaron los europeos a Paraguay?

MODELO muchos grupos indígenas / habitar / grandes extensiones de Sudamérica
Cuando llegaron los europeos, muchos grupos indígenas habitaban grandes extensiones de Sudamérica.

1. las tribus indígenas / vivir / en la región al sur del río Amazonas / y / a lo largo de la costa del Atlántico

2. los guaraníes / poblar / principalmente/ el territorio entre el río Paraná y el Paraguay

3. los guaraníes / practicar / la agricultura de roza

4. los guaraníes / llevar / una vida seminómada

¡A practicar! 99

Nombre _____ **Fecha** _____

C **La presa de Itaipú.** Marcela forma varias opiniones después de leer la *Ventana al Mundo 21* sobre la presa de Itaipú. ¿Qué piensa ella que pasará en el futuro?

MODELO la presa de Itaipú (beneficiar / a generaciones de paraguayos)
Pienso que la presa de Itaipú beneficiará a generaciones de paraguayos.

1. la presa de Itaipú (siempre / ser / la planta hidroeléctrica / más grande del mundo)
_____

2. Paraguay (obtener / una mayor compensación / de Brasil / en el futuro)
_____

3. Paraguay (empezar / otros proyectos hidroeléctricos)
_____

4. los paraguayos (disfrutar / de la construcción / de nuevas presas)
_____

5. los científicos (tener que / buscar nuevos modos / de producir electricidad)
_____

D **Visita a Paraguay.** Unos amigos de Francisco le contaron de su viaje a Paraguay. ¿Qué le contaron?

MODELO divertirse mucho en Paraguay
Me contaron que se habían divertido mucho en Paraguay.

1. ver paisajes muy bonitos
_____

2. pasar la mayoría del tiempo en Asunción
_____

3. comprar muchas cosas
_____

4. visitar con familiares de ellos
_____

5. gastar mucho dinero
_____

6. comer muy bien
_____

7. volver con una nueva impresión de Paraguay
_____

Nombre _____ **Fecha** _____

¡Exprésate!

La entrevista. Tienes una entrevista para un empleo estupendo. Quieres dar la mejor impresión posible. ¿Sabes cómo vestirte y cómo comportarte? ¿Estás preparado(a)? Algunos consejos:

El aspecto Vístete de manera apropiada. Si tu entrevista será en una oficina, entonces vístete como se visten los empleados: de traje sencillo y elegante. Hombres: no se pongan una corbata muy original o de colores fuertes. Mujeres: no se pongan ropa de fiesta y no se pongan demasiado maquillaje. Ambos: asegúrense que su ropa esté limpiecita y planchada. Deben aparecer como personas serias, ¡no como jóvenes irresponsables!

La actitud Llega a tiempo. Sé cortés con todos en la oficina. Trata al entrevistador o a la entrevistadora con respeto. Sé atento(a). No empieces a mirar por todos lados si te empiezas a aburrir. Contesta las preguntas clara y brevemente. No hagas el error de pensar que tus ideas son las más interesantes. Recuerda que tú eres el (la) que no tiene experiencia; el entrevistador o la entrevistadora te está regalando una oportunidad. ¡No la eches a perder!

La preparación Lee todo lo que puedas sobre la compañía a la cual estás solicitando un empleo. Ve a la biblioteca. Busca artículos y libros que traten con el trabajo que hacen en esa compañía. Es importante dar la impresión de inteligencia, de buen carácter, de trabajador(a), de persona a la quien le interesa hacer un trabajo bueno y honesto. ¡Todo está en tus manos!

E Mi primera entrevista. En hoja aparte, escribe lo que vas a hacer y cómo te vas a preparar para tu primera entrevista. Escribe las preguntas que crees que te vayan a hacer, y también escribe las respuestas.

Nombre _____ **Fecha** _____

Vocabulario activo

Gente
acostumbrar *to accustom*
el (la) ceramista *ceramicist*
el (la) comandante en jefe *commander-in-chief*
cosechar *to harvest; promote*
lucrativo(a) *lucrative*
prometedor(a) *promising*
reelegir *to re-elect*

El pueblo guaraní y la colonización
abundar *to abound, be plentiful*
la aldea *small town*
la caza *hunt, chase*
la colina *hill*
la nave *ship, boat*
nómada *nomad, nomadic; wandering*

Las reducciones jesuíticas
decretar *to decree*
el (la) esclavista *advocate of slavery*
el esplendor *splendor*
la evangelización *evangelization, preaching*
el jesuita *Jesuit priest*
llevar a cabo *to carry out*
rechazar *to repel, repulse, drive back; to reject*
la reducción *settlement of converted indigenous people*
repartirse *to distribute among themselves*

La independencia y las dictaduras y **Los colorados y los liberales**
el desastre *disaster*
enfrentar *to confront*
el intercambio *exchange, interchange*
negarse *to refuse; to deny*
perpetuo(a) *perpetual, everlasting*
el patriotismo *patriotism*

Época contemporánea
la cantidad *quantity, amount*
emprender *to set about, undertake, begin*
hidroeléctrico(a) *hydroelectric*
la presa *dam*

Más práctica

La ropa apropiada. Mira la ropa de las personas en el dibujo. Di por qué crees o no crees que alguno de ellos está vestido(a) para una entrevista de empleo.

12. La ropa

102   Unidad 8, Lección 2

Unidad 8, Lección 3

Nombre _____ **Fecha** _____

Conexiones

A Recomendaciones. Javier, un amigo chileno, te recomienda varias cosas. ¿Qué te recomienda?

MODELO estudiar las pinturas de Roberto Matta
Recomiendo que estudies las pinturas de Roberto Matta.

1. familiarizarte con el movimiento del expresionismo abstracto

2. leer la novela *La casa de los espíritus* de Isabel Allende

3. no ver la película de ese mismo título

4. memorizar algunos de los poemas de Pablo Neruda

5. escribir un ensayo sobre su obra *Canto general*

B Del pasado al presente. Rosalinda acaba de leer la sección *Del pasado al presente* sobre Chile. Como sabía muy poco de ese país, no se imaginaba varias cosas. ¿Qué dice que no se imaginaba?

MODELO Chile: encontrarse prácticamente aislado por los impenetrables Andes
No me imaginaba que Chile se encontrara prácticamente aislado por los impenetrables Andes.

1. la historia política de Chile: distinguirse de otras naciones latinoamericanas

2. Chile: tener en su historia una época tan violenta

3. Chile: constituirse en un ejemplo democrático para todos los países latinoamericanos

4. Chile: avanzar tanto en las áreas de exportación

¡A practicar!

Nombre _____ **Fecha** _____

C Las odas de Pablo Neruda.
Las *Odas elementales* de Pablo Neruda tienen títulos muy originales, y varían mucho en seriedad. Por ejemplo, hay títulos como *"Oda a la cebolla"*, *"Oda al traje"*, *"Oda al edificio"*, *"Oda al pan"*, tanto como *"Oda a la intranquilidad"*, *"Oda a la esperanza"*, *"Oda a la tristeza"* y *"Oda a la vida"*. La capacidad de Neruda de ver la vida desde el punto de vista del objeto o del concepto nombrado en el título es lo que hace el leer sus odas un verdadero placer.

Trata de escribir una oración desde el punto de vista de un objeto o un concepto de la vida. Aquí hay algunos ejemplos.

Si fuera traje, me dormiría de pie para no arrugarme.

Si fuera calcetín, no me gustaría conocer a un pie sucio.

Si fuera coche, sería modelo deportivo.

Si fuera cebolla, lloraría al ver las lágrimas de los demás.

Conceptos
Si fuera un poema, contaría de amor.

Si fuera la tristeza, me escondería de los humanos.

Si fuera la esperanza, visitaría a miles de personas por día.

_____
_____
_____
_____
_____
_____
_____
_____

Nombre _____ **Fecha** _____

D **Debiera...** Usa el imperfecto de subjuntivo de los verbos **poder, querer** o **deber** para escribir seis oraciones. Usa los elementos de la segunda columna o inventa otros. Estudia el ejemplo.

     poder   comprar las novelas de Isabel Allende
     querer   ver el video del discurso del ex-presidente Patricio Aylwin
     deber   leer las *Odas elementales* de Pablo Neruda

EJEMPLO   **Debieras leer las *Odas elementales* de Pablo Neruda.**

1. _____
2. _____
3. _____
4. _____
5. _____
6. _____

E **Ojalá...** Usa el imperfecto de subjuntivo con *ojalá* para escribir cinco oraciones en las cuales expresas algún deseo fuera de tu alcance. Estudia los ejemplos.

EJEMPLOS   **Ojalá mis papás me compraran un coche modelo deportivo para mi graduación. Ojalá viajáramos a París en el Concorde jet este verano.**

1. Ojalá _____
2. Ojalá _____
3. Ojalá _____
4. Ojalá _____
5. Ojalá _____

¡A practicar!

Nombre _____ **Fecha** _____

¡Exprésate!

SOLICITUD DE EMPLEO

Datos personales

Nombre: _____ _____
  (Apellidos)   (Nombre)

Dirección _____ _____ _____
   (Calle y número)   (Ciudad)   (Estado o zona, código postal)

N° de teléfono: _____

Fecha de nacimiento: _____

Educación

Escuela primaria: _____ _____
   (Nombre)   (Fecha de graduación)

Escuela secundaria: _____ _____
   (Nombre)   (Fecha de graduación)

Universidad: _____ _____
   (Nombre)   (Fecha de graduación)

Otros estudios: _____

Aptitudes

_____
_____
_____

Datos de empleo

_____ _____ _____ _____
(Nombre de la empresa) (Puesto) (Fecha de inicio) (Fecha de finalización)

_____
_____

Puesto solicitado: _____

Fecha de empiezo deseada: _____

Sueldo deseado: _____

Referencias

_____
_____
_____

Ensayo
En hoja aparte, escriba un ensayo que aclare por qué Ud. es el candidato perfecto o la candidata perfecta para el puesto que solicita.

_____
_____

Confirmo que todas mis respuestas son verdaderas. Autorizo la investigación de todo lo declarado en esta solicitud.   _____ _____
                                              (Firma)   (Fecha)

Nombre _____   **Fecha** _____

F **La solicitud.** Completa la solicitud de la página anterior. Primero decide cuál puesto estás solicitando con cuál empresa. Puede ser una verdadera empresa en tu comunidad. Entonces escribe a continuación el ensayo que pide la empresa en la solicitud.

Debes escribir varias versiones hasta que pegues con la descripción qué más te favorezca. ¡Recuerda que a nadie le gustan los fanfarrones! Descríbete con sinceridad en el estilo que más luzca tus cualidades sobresalientes. Ya sabes mucho español. ¡Debieras mostrarlo!

Suerte.

_____
_____
_____
_____
_____
_____
_____
_____
_____
_____
_____
_____
_____
_____
_____
_____
_____
_____
_____
_____
_____

Unidad 8, Lección 3

¡A practicar!

Nombre _____ **Fecha** _____

Vocabulario activo

Gente
la analogía *analogy*
la carrera de arquitectura *architectural career*
célebre *famous*
centrado(a) *centered, balanced*
mundialmente *worldwide*
perseguir *to pursue*
recopilar *to compile, gather*
surrealista *surrealist*

La conquista y la colonia española
decepcionado(a) *disillusioned, disappointed, disenchanted*
estrecho(a) *straight, thin*
el terreno *terrain, land*

La independencia, El siglo XIX y

Los gobiernos radicales
el caos *chaos*
distinguirse *to distinguish oneself, excel*
equilibrar *to balance*
interrumpir *to interrupt*
el porcentaje *percentage*
el (la) reformista *reformist*
el salitre *saltpeter*
suceder *to happen, to take place*

El experimento socialista y **El regreso de la democracia**
el asalto *assault*
el boicoteo *boycott*
desfavorecido(a) *underprivileged*
la junta militar *military junta, military governing group*
obtener *to acquire, obtain, get*
precedente *precedent*
prohibir *to prohibit, forbid*
la recuperación *recuperation, recovery*
el referéndum *referendum*
revocar *to revoke, take back*
el triunfo *triumph*

Más práctica   24. Las profesiones y las carreras

Las profesiones.
¿Cuál es la profesión que más te interesa? ¿Por qué? ¿Qué crees que tengas que hacer para conseguir la carrera de tus sueños?

Manual de gramática

Nombre _____ **Fecha** _____

Lección preliminar

LP.1 Nouns [Textbook, p. G2]

Gender of Nouns

a **La tarea.** Ayúdale a Pepito a hacer la tarea. Tiene que identificar el sustantivo de género diferente, según el modelo.

MODELO   opinión, avión, satisfacción, confusión   **el avión** (los otros usan el artículo **la**)

1. mapa, literatura, ciencia, lengua _____
2. ciudad, césped, variedad, unidad _____
3. problema, tema, cama, poema _____
4. calor, color, clamor, labor _____
5. metal, catedral, canal, sol _____
6. moto, voto, estilo, proceso _____

b **¿Fascinante?** Indica si en tu opinión lo siguiente es fascinante o no.

MODELO   variedad cultural
   La variedad cultural es fascinante. o **La variedad cultural no es fascinante.**

1. artista Wifredo Lam

2. idioma español

3. diversidad multicultural de EE.UU.

4. capital de nuestro estado

5. programa "El espejo enterrado"

6. guía turística de mi estado

7. pintura "El jaguar y la serpiente" de Rufino Tamayo

8. foto de Machu Picchu

Plural of Nouns [Textbook, p. G4]

c **Contrarios.** Tú y tu mejor amigo(a) son completamente diferentes. ¿Qué dices tú cuando tu amigo(a) hace estos comentarios?

MODELO   Yo no asisto a ninguna fiesta.   **Yo asisto a muchas fiestas.**

1. No tengo ningún interés.

2. No asisto a ningún festival folklórico.

3. No reconozco a ninguna actriz hispana.

4. No escribo sobre ningún tema.

5. No conozco a ningún hablante de náhuatl.

6. No paso por ninguna crisis ahora.

7. No tratamos ninguna cuestión importante.

8. No me gusta ninguna ciudad grande.

Lección preliminar

LP.2 Definite and Indefinite Articles
Definite Articles

Textbook, p. G5

Definite Articles	MASCULINE	FEMININE
SINGULAR	el	la
PLURAL		

a **Viajero.** Vas a visitar algunos países hispanos. Indica por qué te interesa visitar estos países.

MODELO Argentina / Buenos Aires, capital
Voy a visitar (la) Argentina porque quiero conocer Buenos Aires, la capital.

1. Bolivia / Sucre, antigua capital
   _____

2. México / Teotihuacán, Ciudad de los Dioses
   _____

3. Ecuador / Guayaquil, puerto principal
   _____

4. Brasil / Amazonas, río más largo de América
   _____

5. Perú / Machu Picchu, ruinas incas
   _____

6. Venezuela / Caracas, cuna del Libertador Simón Bolívar
   _____

7. Chile / Isla de Pascua, lugar misterioso lleno de gigantescos monolitos de piedra
   _____

b **Preparativos.** ¿Quién es responsable de enviar las invitaciones? Para saberlo, escribe el artículo definido en los espacios sólo cuando es necesario.

—(1)_____ Señora Olga, ¿cuándo es la próxima exposición de (2)_____ doña Carmen?

—Es (3)_____ viernes próximo.

—(4)_____ señor Cabrera se ocupa de las invitaciones, ¿verdad?

—¿Enrique Cabrera? No, (5)_____ pobre Enrique está enfermo. Tú debes enviar (6)_____ invitaciones esta vez.

c **¿Eres bilingüe?** Da tus respuestas a las siguientes preguntas que te hace el (la) reportero(a) del periódico estudiantil.

1. ¿Qué lenguas hablas?
   _____

2. ¿Qué lenguas lees?
   _____

3. ¿Qué lenguas escribes?
   _____

4. ¿Qué lenguas consideras difíciles? ¿Por qué?
   _____

5. ¿Qué lenguas consideras importantes? ¿Por qué?
   _____

Lección preliminar

Nombre _____ **Fecha** _____

Indefinite articles

Textbook, p. G8

Indefinite Articles	MASCULINE	FEMININE
SINGULAR	un	una
PLURAL	_____	_____

a **Personajes.** Di quiénes son las siguientes personas. Sigue el modelo.

MODELO Camilo José Cela / español / novelista / novelista español
Camilo José Cela es español. Es novelista. Es un novelista español.

1. Jorge Luis Borges / argentino / escritor / escritor argentino
   _____
   _____

2. Pablo Neruda / chileno / poeta / poeta chileno
   _____
   _____

3. Gloria Estefan / cubanoamericana / cantante / cantante cubanoamericana
   _____
   _____

4. Frida Kahlo / mexicana / pintora / pintora mexicana
   _____
   _____

b **Fiesta.** Completa este párrafo con los artículos definidos o indefinidos apropiados, si son necesarios.

Me gusta asistir a (1)_____ fiestas y me encanta preparar (2)_____ postres. (3)_____ sábado próximo voy a asistir a (4)_____ fiesta y voy a preparar (5)_____ torta. Vienen (6)_____ (=aproximadamente) veinticinco personas a (7)_____ fiesta. Debo llevar (8)_____ cierta torta de frutas que es mi especialidad. Tengo (9)_____ mil cosas que hacer, pero (10)_____ postre va a estar listo.

c **Un científico.** Completa este párrafo para conocer a Luis Walter Álvarez, un científico hispano. Presta atención porque en algunos casos debes usar la contracción **del**.

Luis Walter Álvarez es (1)_____ profesor de origen hispano que enseña en (2)_____ Universidad de California en Berkeley. En 1968 recibió (3)_____ Premio Nóbel de Física. (4)_____ profesor Álvarez es más conocido por su teoría sobre (5)_____ desaparecimiento de (6)_____ dinosaurios. Según (7)_____ teoría de (8)_____ profesor Álvarez, (9)_____ dinosaurios desaparecieron a causa de (10)_____ choque de (11)_____ gran meteoro contra (12)_____ tierra.

Lección preliminar

LP.3 Present Indicative: Regular Verbs

Textbook, p. G11

Present Indicative

	-ar verbs comprar	-er verbs vender	-ir verbs decidir
yo	compro	vendo	decido
tú	_____	_____	_____
Ud., él, ella	_____	_____	_____
nosotros(as)	_____	_____	_____
vosotros(as)	compráis	vendéis	decidís
Uds., ellos, ellas	_____	_____	_____

a **Primer Premio Nóbel hispanoamericano.** Para aprender sobre la poeta chilena Gabriela Mistral, completa el párrafo que sigue. Usa el presente de indicativo.

Lucila Godoy Alcayaga, más conocida como Gabriela Mistral, (1)_____ (nacer) en Chile, en el valle de Elqui, en 1889. Primero se (2)_____ (dedicar) a la enseñanza; (3)_____ (practicar) su profesión de maestra en muchas escuelas de Chile. Más tarde, (4)_____ (aceptar) cargos consulares en Europa y en América. (5)_____ (Publicar) su primer libro, *Desolación*, en 1922. En 1945 (6)_____ (recibir) el Premio Nóbel de Literatura. (7)_____ (Ser) la primera vez que alguien de Hispanoamérica (8)_____ (recibir) este premio. (9)_____ (Dejar) de existir en 1957, en un hospital de Nueva York.

b **Información personal.** Estás en una fiesta y hay una persona muy interesada en conocerte. ¿Cómo contestas sus preguntas?

1. ¿Dónde vives?
   _____

2. ¿Con quién vives?
   _____

3. ¿Trabajas en algún lugar? ¿Ah, sí?, ¿dónde?
   _____

4. ¿Tomas el autobús para ir a clase?
   _____

5. ¿Miras mucha o poca televisión?
   _____

6. ¿Qué tipos de libros lees?
   _____

7. ¿Qué tipos de música escuchas?
   _____

8. ... (inventen otras preguntas)
   _____
   _____
   _____
   _____
   _____

Lección preliminar

Nombre _____ **Fecha** _____

c Planes.
Tú y dos amigos(as) van a pasar una semana en la Playa Juan Dolio, en la costa de la República Dominicana. Di qué planes tienen para esa semana de vacaciones.

MODELO lunes / salir hacia la República Dominicana
El lunes salimos hacia la República Dominicana.

1. martes / nadar y descansar en la playa
   _____

2. miércoles / practicar deportes submarinos
   _____

3. jueves / visitar el acuario en el Faro de Colón
   _____

4. viernes / comprar regalos para la familia
   _____

5. sábado / regresar a casa
   _____

6. domingo / descansar todo el día
   _____

d Presente histórico.
Narra de nuevo la vida de Octavio Paz que aparece a continuación, esta vez usando el presente de indicativo.

Octavio Paz nació _____ en un barrio de la Ciudad de México en 1914. Se educó _____ en la Universidad Nacional Autónoma de México. En 1933 publicó _____ *Luna silvestre*, su primer libro de poemas. En 1937 viajó _____ a España donde participó _____ en un congreso de escritores antifascistas. En 1943 recibió _____ una beca Guggenheim y viajó _____ a Estados Unidos; se quedó _____ en este país dos años. A fines de 1945 entró _____ en el servicio diplomático de México. En 1950 apareció _____ *El laberinto de la soledad,* su libro de ensayos más famoso. En 1968 renunció _____ a su cargo de embajador en la India. En 1981 recibió _____ el Premio Cervantes de España y en 1990 el Premio Nóbel de Literatura.

e Mi vida actual.
Describe tu situación personal en este momento.

MODELO **Vivo en San José. Asisto a clases por la mañana y por la tarde. Una de las materias que más me fascina es la historia...**

_____
_____
_____
_____
_____
_____

Lección preliminar

Manual de gramática

Unidad 1, Lección 1

1.1 Uses of the Verbs *ser* and *estar* [Textbook, p. G14]

a Los chicanos.
Completa la siguiente información acerca de los méxicoamericanos con la forma apropiada de **ser** o **estar**.

(1)_____ el grupo hispano más numeroso. Los chicanos (2)_____ en este país desde hace más de tres siglos. La población chicana (3)_____ concentrada en los estados del suroeste de EE.UU. Ésta (4)_____ una región que antes fue de México. Muchos creen que los chicanos actuales (5)_____ descendientes de los antiguos aztecas, originarios de Aztlán. Este grupo hispano (6)_____ participando activamente en la vida política del país. Aumentan cada vez más los chicanos que (7)_____ en puestos políticos importantes.

b Comienzos de Adolfo Miller.
Completa la información sobre el personaje principal del cuento de Sabine Ulibarrí con la forma apropiada de **ser** o **estar**.

Adolfo Miller (1)_____ un gringo simpático y listo. Siempre (2)_____ listo para hacer todos los quehaceres que le pide don Anselmo. No (3)_____ aburrido porque siempre cuenta historias divertidas. Siempre tiene mucho trabajo que hacer; nunca (4)_____ aburrido. (5)_____ generoso, no (6)_____ interesado; (7)_____ interesado en progresar y en cumplir bien sus responsabilidades. (8)_____ ordenado y limpio; la caballeriza donde vive siempre (9)_____ limpia.

c Preguntas personales.
Un(a) compañero(a) quiere saber más de ti. Responde a sus preguntas.

1. ¿De dónde es tu familia?
   _____
   _____

2. ¿Son pocos o muchos los miembros de tu familia?
   _____
   _____

3. ¿Cómo estás tú hoy?
   _____
   _____

4. ¿Eres pesimista u optimista?
   _____
   _____

5. ¿Eres realista o idealista?
   _____
   _____

6. ¿Estás interesado(a) en el arte chicano?
   _____
   _____

Nombre _____ Fecha _____

1.2 Descriptive Adjectives

Textbook, p. G17

Forms of Descriptive Adjectives

	MASCULINE	FEMININE
SINGULAR	hispano	hispana
PLURAL	_____	_____

Adjectives that Change Meaning with Position

	BEFORE THE NOUN	AFTER THE NOUN
antiguo	former, old	_____
cierto	some, certain	_____
medio	half	_____
mismo	same	_____
nuevo	another, different	_____
pobre	pitiful, poor	_____
propio	own	_____
viejo	former, of old standing	_____

a **Tierra Amarilla.** Completa el texto para saber más de la vida en Tierra Amarilla durante la época de Adolfo Miller. Presta atención a la forma correcta del adjetivo que debes usar.

Tierra Amarilla es un pueblo (1)_____ (pequeño) que está en la parte (2)_____ (norte) de Nuevo México. La gente no lleva una vida (3)_____ (agitado); lleva una vida muy (4)_____ (apacible). La mayoría de las personas tienen trabajos (5)_____ (agrícola). Los sábados por la noche hay bailes (6)_____ (animado) que atraen a los muchachos y muchachas (7)_____ (joven) del lugar. A veces, se forman grupos (8)_____ (alegre) donde se cuentan historias (9)_____ (divertido).

b **Un escritor nuevomexicano.** Usa la información dada entre paréntesis para hablar de Sabine Ulibarrí, autor del cuento "Adolfo Miller".

MODELO   Sabine Ulibarrí tiene una _____. (carrera/distinguida/literaria)
Sabine Ulibarrí tiene una distinguida carrera literaria.

1. Sabine Ulibarrí es un _____. (profesor / universitario)
2. Es también un _____. (escritor / excelente / nuevomexicano)
3. Es autor de _____. (ensayos / críticos / importantes)
4. Es un _____. (cuentista / chicano / famoso)
5. Muchos de sus cuentos están inspirados en _____. (episodios / familiares)
6. Sus historias reflejan la _____ (tradición / hispana / larga) de Nuevo México.

Unidad 1, Lección 1

c **Continuación de la historia.** Completa el siguiente texto sobre una posible continuación de la historia de Adolfo Miller. Pon atención a la posición del adjetivo.

Muchos creen que con los $30.000 Adolfo comienza una (1)_____ (vida; nueva). Tiene ahora su (2)_____ (rancho; propio) y cree que es dueño de su (3)_____ (destino; propio). Ya no es el (4)_____ (muchacho; pobre) que vive con don Anselmo; pero es un (5)_____ (hombre; pobre) porque no vive con él Francisquita, su (6)_____ (amor; gran/grande). Pasan los años y es un (7)_____ (hombre; viejo) que no vive en el presente; vive de los recuerdos de aquellos bellos tiempos en Tierra Amarilla.

d **Impresiones.** Expresa tus impresiones sobre los méxicoamericanos.

MODELO Pocos saben que los méxicoamericanos tienen una larga historia. (malo)
Lo malo es que pocos saben que los méxicoamericanos tienen una larga historia.

1. Los chicanos llevan mucho tiempo en EE.UU. (cierto)

   _____
   _____
   _____

2. La población chicana es joven. (positivo)

   _____
   _____
   _____

3. La edad promedio de los chicanos es de diecinueve años. (sorprendente)

   _____
   _____
   _____

4. La cultura hispana enriquece la vida norteamericana. (bueno)

   _____
   _____
   _____

5. La participación política de las minorías continúa. (importante)

   _____
   _____
   _____

Nombre _____ **Fecha** _____

Unidad 1, Lección 2

3 Stem-changing Verbs

Textbook, p. G21

Stem-changing Verbs

	pensar	recordar	pedir
	e → ie	o → ue	e → i
yo	pienso	recuerdo	pido
tú			
Ud., él, ella			
nosotros(as)			
vosotros(as)	pensáis	recordáis	pedís
Uds., ellos, ellas			

Common Stem-changing Verbs

e → ie	o → ue	e → i (-ir verbs only)
cerrar	almorzar	conseguir
empezar	aprobar	corregir
nevar	contar	despedir(se)
recomendar	mostrar	elegir
	probar	medir
atender	sonar	reír
defender	volar	repetir
entender		seguir
perder	devolver	servir
querer	llover	sonreír
	mover	vestir(se)
convertir	poder	
divertir(se)	resolver	
mentir	volver	
preferir		
sentir(se)	dormir	
sugerir	morir	

a Un gringo listo.
Completa el texto en el presente para contar la vida de Adolfo Miller cuando llega a Tierra Amarilla.

Adolfo le (1) _____ (pedir) trabajo a don Anselmo. (2) _____ (Conseguir) trabajo y (3) _____ (comenzar) a hacer pequeñas tareas. (4) _____ (sentirse) como un miembro de la familia; (5) _____ (almorzar) con don Anselmo y su hija; (6) _____ (dormir) en la caballeriza. (7) _____ (Adquirir) más experiencia y (8) _____ (atender) los negocios de su patrón.

b Almas gemelas.
Indica que eres como los hermanos Ramírez.

MODELOS Entendemos muy bien el español hablado.
Yo también entiendo muy bien el español hablado.
No entendemos el francés, ni hablado ni escrito.
Yo tampoco entiendo el francés, ni hablado ni escrito.

1. Reímos cuando contamos chistes.
_____

2. No mentimos nunca.
_____

3. Jugamos al básquetbol por las tardes.
_____

4. Elegimos cursos interesantes.
_____

5. No olemos las rosas porque sentimos comezón *(itching)* en la nariz.
_____

6. Conseguimos buenos trabajos durante el verano.
_____

7. Dormimos hasta tarde los domingos.
_____

8. No resolvemos muy rápidamente los problemas matemáticos.
_____

C **Obra teatral.** Tu compañero(a) te hace preguntas acerca de *Zoot Suit,* una obra del Teatro Campesino que acabas de ver.

MODELO ¿Muestra esta obra la realidad de los chicanos? (sí, de algunos chicanos)
Sí, muestra la realidad de algunos chicanos.

1. ¿A qué hora comienza la obra? (7:00 p.m.)
_____

2. ¿Se divierte la gente con la obra? (sí, muchísimo)
_____

3. ¿Entienden los angloamericanos la obra? (sí, completamente)
_____

4. ¿Se duermen los espectadores? (no)
_____

5. ¿Se ríen los espectadores? (sí, bastante)
_____

6. ¿Vuelven algunos espectadores a ver la obra de nuevo? (sí, varias veces)
_____

7. ¿Recomiendas la obra a todo el mundo? (sí, sin reserva)
_____

1.4 Verbs with Spelling Changes and Irregular Verbs

Textbook, p. G23

Verbs with Irregular Forms

	decir	estar	ir	oír	ser	tener	venir
yo	digo	estoy	voy	oigo	soy	tengo	vengo
tú	___	___	___	___	___	___	___
Ud., él, ellas	___	___	___	___	___	___	___
nosotros(as)	___	___	___	___	___	___	___
vosotros(as)	decís	estáis	vais	oís	sois	tenéis	venís
Uds., ellos, ellas	___	___	___	___	___	___	___

a **Retrato de un puertorriqueño.** Walter nos habla de su vida. Completa lo que dice con la forma apropiada del verbo que aparece entre paréntesis.

Me llamo Walter Martínez. (1)_____ (ser) puertorriqueño. Como todo puertorriqueño, yo (2)_____ (tener) ciudadanía estadounidense. (3)_____ (vivir) ahora en Nueva York, pero (4)_____ (ir) con frecuencia a San Juan, donde (5)_____ (estar) mi familia. Me (6)_____ (mantener) en contacto con mis parientes y amigos de la isla. Aquí en Nueva York (7)_____ (conocer) a muchos amigos de San Juan con quienes (8)_____ (salir) a menudo. Los fines de semana me (9)_____ (distraer) escuchando música y bailando salsa en una discoteca.

Nombre _____ Fecha _____

b) Somos individualistas.
Cada uno de los miembros de la clase menciona algo especial acerca de sí mismo(a). ¿Qué dicen?

MODELO   pertenecer al Club de Español   **Pertenezco al Club de Español.**

1. traducir del español al francés

2. saber hablar portugués

3. construir barcos en miniatura

4. dar lecciones de guitarra

5. distinguir el acento de los cubanos y de los puertorriqueños

6. conducir un Toyota de 1985

7. componer canciones de amor

8. satisfacer a mis profesores en mis clases

9. reconocer de dónde son muchas personas por su modo de hablar

10. convencer a mis compañeros en nuestros debates

c) Club Latino.
Contesta las preguntas que te hace un(a) amigo(a) que quiere informarse acerca del Club Latino.

MODELO   ¿Dónde se reúne el Club Latino? (Centro Estudiantil)
         Generalmente nos reunimos en el Centro Estudiantil.

1. ¿Eres miembro del Club Latino? (sí)

2. ¿Quién dirige el club este año? (yo)

3. ¿Cuántos miembros tiene el club? (cerca de cuarenta)

4. ¿Se reúnen todas las semanas? (no, todos los meses)

5. ¿Atraen a estudiantes angloamericanos? (sí, a muchos)

6. ¿Traen a conferenciantes hispanos? (sí, dos o tres cada año)

7. ¿Dónde anuncian las actividades del club? (periódico universitario)

8. ¿Qué se proponen con el club? (mejor conocimiento de la cultura hispana)

Unidad 1, Lección 3

1.5 Demonstrative Adjectives and Pronouns

Textbook, p. G26

Demonstrative Adjectives

	near		not too far		far	
	this	*these*	*that*	*those*	*that*	*those*
	SINGULAR	PLURAL	SINGULAR	PLURAL	SINGULAR	PLURAL
MASCULINE	este	_____	ese	_____	aquel	_____
FEMININE	_____	_____	_____	_____	_____	_____

Demonstrative Pronouns

	this (one)	*these (ones)*	*that (one)*	*those (ones)*	*that (one)*	*those (ones)*
	SINGULAR	PLURAL	SINGULAR	PLURAL	SINGULAR	PLURAL
MASCULINE	éste	_____	ése	_____	aquél	_____
FEMININE	_____	_____	_____	_____	_____	_____
NEUTER	_____	—	_____	—	_____	—

a **Decisiones, decisiones.** Estás en una tienda de comestibles junto a Tomás Ibarra, el dueño. Él siempre te pide que decidas qué producto vas a comprar.

MODELO ¿Deseas estos aguacates o aquéllos?
        Deseo aquéllos. o Deseo éstos.

1. ¿Quieres esas tortillas o aquéllas?
   _____

2. ¿Te vas a llevar aquellos frijoles o éstos?
   _____

3. ¿Vas a comprar estos limones o ésos?
   _____

4. ¿Prefieres esos chiles verdes o aquéllos?
   _____

5. ¿Te doy estos jitomates o ésos?
   _____

b **Sin opinión.** Tu compañero(a) contesta de modo muy evasivo tus preguntas.

MODELO ¿Qué opinas de la economía nacional? (complicado; no entender mucho)
        Eso es complicado. No entiendo mucho de eso (acerca de eso).

1. ¿Crees que Puerto Rico se va a independizar de EE.UU.? (controvertido; no saber mucho)
   _____

2. ¿Crees que los chicanos son descendientes de los aztecas? (discutible; no comprender mucho)
   _____

3. ¿Qué sabes de los sudamericanos en Nueva York? (complejo; no estar informado/a)
   _____

4. ¿Van a controlar la inmigración ilegal? (difícil; no entender)
   _____

5. ¿En tu opinión deben pagar impuestos federales los puertorriqueños? (problemático; no tener opinión)
   _____

Nombre _____ Fecha _____

.6 Comparatives and Superlatives [Textbook, p. G29]

Comparisons of Inequality

_____ + { adjective / adverb / noun } + _____

verb + _____

Comparisons of Equality

_____ + { adjective / adverb } + _____

_____ + noun + _____

verb + _____

Superlatives

_____ + noun + _____ + adjective + _____

Spelling Changes with -ísimo

final vowel is dropped	alto	→	**altísimo**
written accent is dropped	fácil	→	_____
-ble becomes -bil-	amable	→	_____
c becomes qu	loco	→	_____
g becomes gu	largo	→	_____
z becomes c	feroz	→	_____

Comparative and Superlative Forms of *bueno* and *malo*

Comparative		Superlative	
Regular	Irregular	Regular	Irregular
más bueno(a)	mejor	el (la) más bueno(a)	el (la) mejor
más buenos(as)	_____	_____	_____
más malo(a)	peor	_____	_____
más malos(as)	_____	_____	_____

Comparative and Superlative Forms of *grande* and *pequeño*

Comparative		Superlative	
Regular	Irregular	Regular	Irregular
más grande	mayor	_____	_____
más grandes	_____	_____	_____
más pequeño(a)	menor	_____	_____
más pequeños(as)	_____	_____	_____

a **Dos estados del Suroeste.** Lee las estadísticas que siguen acerca de Arizona y Colorado y contesta las preguntas que aparecen a continuación.

Estado	Área (millas cuadradas)	Población (1991)	Hispanos (%)	Ingreso per capita	Ingresos por turismo
Arizona	114.000	3.749.693	19	$16.401	$5.600.000.000
Colorado	104.091	3.376.669	13	$19.440	$5.600.000.000

1. ¿Cuál estado es más grande?
   _____

2. ¿Cuál estado tiene más habitantes?
   _____

3. ¿En qué estado hay menos hispanos?
   _____

4. ¿En qué estado ganan las personas menos dinero como promedio *(average)*?
   _____

5. ¿Gastan más dinero los turistas en Colorado que en Arizona?
   _____

Unidad 1, Lección 3 123

b **Hispanos en Estados Unidos.** Lee las estadísticas que aparecen a continuación y contesta las preguntas que siguen.

MINORÍA HISPANA	POBLACIÓN (1990)	CUATRO O MÁS AÑOS DE EDUCACIÓN UNIVERSITARIA	MENOS DE DOCE AÑOS DE ESCOLARIDAD	NEGOCIOS POR CADA 1000 PERSONAS
Chicanos	13.495.938	6 %	56 %	19
Puertorriqueños	2.727.754	10 %	42 %	11
Cubanos	1.043.932	19 %	39 %	63

1. ¿Cuál es el grupo hispano más numeroso?

2. ¿Cuál es el grupo hispano con la menor población?

3. ¿Qué grupo hispano tiene más personas con educación universitaria?

4. ¿Cuál es el grupo hispano con el más alto porcentaje de personas que terminan la educación secundaria?

5. ¿Cuál es el grupo hispano con menor escolaridad?

6. ¿Cuál es el grupo hispano más activo en los negocios?

7. De todos los grupos hispanos, ¿cuál tiene menos negocios que los otros?

c **Disciplinas.** Los estudiantes dan su opinión acerca de las materias que estudian. Atención: el símbolo "=" indica una comparación de igualdad; "+", una comparación de superioridad y "–", una comparación de inferioridad.

MODELO   matemáticas / = difíciles / física
         Para mí las matemáticas son tan difíciles como la física.

1. antropología / + interesante / ciencias políticas

2. química / = complicada / física

3. historia / – aburrida / geografía

4. literatura inglesa / + fácil / filosofía

5. psicología / = fascinante / sociología

6. español / – difícil / alemán

7. biología / + entretenida / informática

Nombre_____ Fecha_____

Unidad 2, Lección 1

1 Preterite: Regular Verbs
Textbook, p. G34

Preterite of Regular Verbs

	-ar verbs preparar	-er verbs comprender	-ir verbs recibir
yo	preparé	comprendí	recibí
tú	_____	_____	_____
Ud., él, ella	_____	_____	_____
nosotros(as)	_____	_____	_____
vosotros(as)	preparasteis	comprendisteis	recibisteis
Uds., ellos, ellas	_____	_____	_____

a **Lectura.** Usa el pretérito para completar la siguiente narración acerca de la historia que leyó un estudiante.

Ayer (1)_____ (llegar/yo) a casa un poco antes de las seis. Después de cenar, (2)_____ (buscar) mi libro de español. (3)_____ (Comenzar) a leer. (4)_____ (Leer) la aventura de los molinos de don Quijote. Este caballero andante (5)_____ (creer) ver unos gigantes en el campo, pero su escudero Sancho Panza sólo (6)_____ (ver) unos molinos de viento y (7)_____ (tratar) de corregir a su amo. Don Quijote no (8)_____ (escuchar) las palabras de Sancho. Montado en su caballo Rocinante, (9)_____ (correr) hacia los molinos y los (10)_____ (atacar). Pero (11)_____ (caer) al suelo cuando el viento (12)_____ (agitar) las aspas de los molinos. (13)_____ (Reír/yo) un poco con la aventura, pero también me (14)_____ (causar) un poco de pena el caballero.

b **Hacer la tarea de nuevo.** Tu profesor(a) te pide que escribas de nuevo la tarea acerca de los primitivos habitantes de la península ibérica. Esta vez quiere que emplees el pretérito en vez del presente histórico.

Muchos pueblos pasan _____ por el territorio español. Antes del siglo XI a.C., los fenicios se instalan _____ en el sur del país. Hacia el siglo VII llegan _____ los griegos, quienes fundan _____ varias colonias. En el año 206 a.C. comienza _____ la dominación romana. Los romanos gobiernan _____ el país por más de seis siglos. Le dan _____ al país su lengua; construyen _____ anfiteatros, puentes y acueductos; establecen _____ un sistema legal y contribuyen _____ al florecimiento cultural del país.

c **Semestre en Sevilla.** Contesta las preguntas que te hace un(a) amigo(a) acerca del semestre que pasaste en Sevilla.

MODELO ¿Cuánto tiempo viviste en Sevilla? (cinco meses) **Viví allí cinco meses.**

1. ¿Cuándo llegaste a Sevilla? (en septiembre)

2. ¿Con quién viviste? (con una familia)

3. ¿Qué día comenzaste las clases? (el lunes 15 de septiembre)

4. ¿Qué materias estudiaste? (la literatura medieval, la historia de España)

5. ¿Conociste a jóvenes españoles de tu edad? (sí, a varios)

6. ¿Te gustó tu estadía en Sevilla? (sí, muchísimo)

7. ¿Visitaste otras ciudades? (sí; Granada, Córdoba y Madrid)

8. ¿Influyó en tu vida esta experiencia? (sí, bastante)

2.2 Direct and Indirect Object Pronouns and the Personal *a*

Textbook, p. G36

Object Pronouns

Direct	Indirect
me	
te	
lo / la	
nos	
os	os
los / las	

Object Pronouns and the Personal *a*

	Direct Object Noun	Direct Object Pronoun
I saw … (what?)	I saw *the movie*. Vi **la película**.	I saw *it*.
I saw … (whom?)	I saw *the actor*. Vi **al actor**.	I saw *him*.
	Indirect Object Noun	**Indirect Object Pronoun**
I spoke … (to whom?)	I spoke *to the actress*. Hablé **a la actriz**.	I spoke *to her*.

a **Ausente.** Como no asististe a la última clase de Historia de España, tus compañeros te cuentan lo que pasó.

MODELO profesor / hablarnos de la civilización musulmana
El profesor nos habló de la civilización musulmana.

1. profesor / entregarnos el último examen

2. dos estudiantes / mostrarnos fotos de Córdoba

3. profesor / explicarnos la importancia de la cultura árabe en España

4. Rubén / contarle a la clase su visita a Granada

5. unos estudiantes / hablarle a la clase de la arquitectura árabe

Nombre _____ Fecha _____

b Estudios.
Contesta las preguntas que te hace un(a) amigo(a) acerca de tus estudios.

MODELO ¿Te aburren las clases de historia?
Sí, (a mí) me aburren esas clases. o
No, (a mí) no me aburren esas clases. Me fascinan esas clases.

1. ¿Te interesan las clases de ciencias naturales?
   _____

2. ¿Te parecen importantes las clases de idiomas extranjeros?
   _____

3. ¿Te es difícil memorizar información?
   _____

4. ¿Te falta tiempo siempre para completar tus tareas?
   _____

5. ¿Te cuesta mucho trabajo obtener buenas notas?
   _____

c Trabajo de jornada parcial.
Han entrevistado a tu amiga para un trabajo en la oficina de unos abogados. Un amigo quiere saber si ella obtuvo ese trabajo.

MODELO ¿Cuándo entrevistaron a tu amiga? (el lunes pasado)   La entrevistaron el lunes pasado.

1. ¿Le pidieron recomendaciones? (sí) _____
2. ¿Le sirvieron sus conocimientos de español? (sí, mucho) _____
3. ¿Le dieron el trabajo? (sí) _____
4. ¿Cuándo se lo dieron? (el jueves) _____
5. ¿Cuánto le van a pagar por hora? (ocho dólares) _____
6. ¿Conoce a su jefe? (no) _____
7. ¿Por qué quiere trabajar con abogados? (fascinarle las leyes) _____

d El edicto de 1492.
Usando el presente histórico, narra un momento de intolerancia religiosa en la historia de España.

MODELO un gran número de judíos / habitar / España   **Un gran número de judíos habitan España.**
muchos / admirar / los judíos   **Muchos admiran a los judíos.**

1. Fernando e Isabel, los Reyes Católicos / gobernar / el país
   _____

2. en general, la gente / admirar y respetar / los Reyes
   _____

3. por razones de intolerancia religiosa algunos / no querer / los judíos
   _____

4. los Reyes / firmar / un edicto el 31 de marzo de 1492
   _____

5. el edicto / expulsar de España / todos los judíos
   _____

6. los judíos / abandonar / su patria / y / dispersarse por el Mediterráneo
   _____

Unidad 2, Lección 1

Unidad 2, Lección 2

2.3 Preterite: Stem-changing and Irregular Verbs

Textbook, p. G40

Stem-changing Verbs

	sentir e → i	pedir e → i	dormir o → u
yo	sentí	pedí	dormí
tú			
Ud., él, ella			
nosotros(as)			
vosotros(as)	sentisteis	pedisteis	dormisteis
Uds., ellos, ellas			

Irregular Verbs

Verb	-u- and -i- Stems	Endings	
andar	anduv -		
caber	cup -		
estar	estuv -		
haber	hub -	-e	-imos
poder	pud -	-iste	-isteis
poner	pus -	-o	-ieron
querer	quis -		
saber	sup -		
tener	tuv -		
venir	vin -		
Verb	**-j- Stems**	**Endings**	
decir	dij -	-e	-imos
producir	produj -	-iste	-isteis
traer	traj -	-o	-eron

Irregular Verbs

	dar	hacer	ir / ser
yo	di	hice	fui
tú			
Ud., él, ella			
nosotros(as)			
vosotros(as)	disteis	hicisteis	fuisteis
Uds., ellos, ellas			

a **Mala noche.** Tú les cuentas a tus padres lo que te contó un amigo.

MODELO *Amigo:* Dormí mal la noche anterior.
         Tú: **Durmió mal la noche anterior.**

—Dormí _____ mal la noche anterior. Dormí _____ muy pocas horas. Me desperté _____ temprano. Me vestí _____ rápidamente. Preferí _____ tomar el desayuno en el café de enfrente. Pedí _____ café con leche y pan tostado. Después de comer, me sentí _____ mejor. Luego, pedí _____ la cuenta. Me despedí _____ del camarero.

Nombre _____ **Fecha** _____

b **Fecha clave.** Completa la siguiente información acerca de la importancia del año 1492 en la historia de España usando el pretérito.

El año 1492 es muy importante en la historia de España. Ese año los árabes (1)_____ (ser) derrotados en la batalla de Granada; así (2)_____ (terminar) la dominación árabe que (3)_____ (durar) casi ocho siglos. Ese año el pueblo judío (4)_____ (ser) expulsado de España; esta comunidad (5)_____ (repartirse) por el Mediterráneo, pero nunca (6)_____ (olvidar) sus raíces hispanas y tampoco (7)_____ (perder) su lengua, el sefardí o judeo-español, idioma de base española. Ese mismo año Cristóbal Colón (8)_____ (salir) del puerto de Palos y (9)_____ (llegar) a las Antillas; América (10)_____ (incorporarse) al reino español, lo cual (11)_____ (aumentar) las riquezas de España.

c **Museo interesante.** Una amiga escribe en su diario las impresiones de su visita al Centro de Arte Reina Sofía (CARS). Completa este fragmento usando el pretérito.

Unos amigos me (1)_____ (decir): "Debes visitar el CARS". Yo me (2)_____ (proponer) hacer la visita el martes pasado, pero no (3)_____ (poder), porque (4)_____ (tener) muchas otras cosas que hacer ese día. Finalmente, el jueves (5)_____ (ir) al museo. Lo primero que (6)_____ (hacer) (7)_____ (ser) ir a la sala central. (8)_____ (Ver) por mí misma el *Guernica* de Picasso. (9)_____ (saber) por qué le gusta tanto a la gente. (10)_____ (Querer) quedarme más tiempo, pero no (11)_____ (poder). Como recuerdo le (12)_____ (traer) a mi padre un libro sobre la historia de ese cuadro famoso.

d **Lucha entre hermanos.** En la siguiente información acerca de la Guerra Civil Española, cambia el presente histórico al pretérito.

La guerra civil es _____ uno de los acontecimientos más traumáticos en la historia reciente de España. Comienza _____ en 1936 y concluye _____ casi tres años más tarde, en 1939. Sus antecedentes inmediatos empiezan _____ en 1931. Ese año, después que los republicanos obtienen _____ la victoria en las elecciones municipales, el rey Alfonso XIII abandona _____ España, sin abdicar. A continuación se proclama _____ la república. En 1936, el general Francisco Franco se rebela _____ contra el gobierno republicano. Se inicia _____ así una confrontación que opone _____ a los nacionalistas contra los republicanos. Los nacionalistas vencen _____ y el general Franco se convierte _____ en el nuevo jefe de gobierno. Gobierna _____ España con mano de hierro hasta 1975.

Unidad 2, Lección 2

2.4 *Gustar* and Similar Constructions

Gustar		
Indirect Object	**Verb**	**Subject**
Me	gustan	los cuadros de Picasso.
Subject	**Verb**	**Direct Object**
I	like	Picasso's paintings.

a **Gustos.** Tú y tus amigos hablan de sus gustos personales.

Textbook, p. G44

MODELO   gustar / viajar a otros países
　　　　　A mí me gusta viajar a otros países.

1. fascinar / los bailes folklóricos españoles _____

2. agradar / leer acerca de la civilización romana _____

3. gustar / ir a fiestas con mis amigos _____

4. interesar / la fotografía _____

5. encantar / las películas de amor _____

b **Cine español.** Tú y tus amigos hacen comentarios acerca del cine español.

MODELO   a todo el mundo / fascinar las películas de Buñuel
　　　　　A todo el mundo le fascinan las películas de Buñuel.

1. a algunos / encantar las películas de Pedro Almodóvar _____

2. a otros / ofender Almodóvar _____

3. a los norteamericanos / agradar el cine de Almodóvar _____

4. a mí / disgustar algunas películas de Buñuel _____

5. a mucha gente / encantar los temas gitanos de Carlos Saura _____

c **Picasso y el *Guernica*.** Una amiga tuya entiende mucho de pintura. Tú le haces algunas preguntas.

MODELO   ¿Por qué te interesa Picasso? (por su gran originalidad)
　　　　　Me interesa por su gran originalidad.

1. ¿Le dolió a Picasso el bombardeo de Guernica? (sí, mucho) _____

2. Le indignó también, ¿verdad? (sí, por supuesto, enormemente) _____

3. ¿Cuánto tiempo le tomó terminar el *Guernica*? (un poco más de un mes) _____

4. ¿Le gustó a la gente el *Guernica*? (sí, y todavía gusta) _____

5. ¿Qué otros cuadros de Picasso te agradan? (los cuadros del período azul) _____

Unidad 2, Lección 2

Nombre _____ Fecha _____

Unidad 2, Lección 3

2.5 Imperfect *Textbook, p. G46*

Imperfect Tense

	-ar verbs ayudar	-er verbs aprender	-ir verbs escribir
yo	ayudaba	aprendía	escribía
tú	_____	_____	_____
Ud., él, ella	_____	_____	_____
nosotros(as)	_____	_____	_____
vosotros(as)	ayudabais	aprendíais	escribíais
Uds., ellos, ellas	_____	_____	_____

a **Periodista.** Completa la descripción de un periodista que vio la manifestación de apoyo a los republicanos españoles en París.

El año 1937 yo (1)_____ (estar) en París. (2)_____ (Vivir) en el Barrio Latino. El sábado 11 de mayo hubo una manifestación. Durante la manifestación yo (3)_____ (marchar) junto con obreros, artistas, estudiantes, profesionales y otras personas. (4)_____ (Ser/nosotros) miles y miles y miles de manifestantes; todos nosotros (5)_____ (apoyar) la causa de la república española. (6)_____ (Caminar) hacia la Plaza de la Bastilla. (7)_____ (Cantar), (8)_____ (gritar) y en general (9)_____ (protestar) contra el bombardeo de Guernica cometido (10)_____ (hacer) cinco días.

b **Un barrio de Madrid.** Completa la siguiente descripción del barrio madrileño de Argüelles que aparece en el poema "Explico algunas cosas" del chileno Pablo Neruda, quien vivía en España durante la Guerra Civil Española.

Yo (1)_____ (vivir) en un barrio

de Madrid, con campanas,

con relojes, con árboles.

Desde allí se (2)_____ (ver)

el *rostro* seco de Castilla   *face, surface*

como un océano de *cuero*.   *leather*

Mi casa (3)_____ (ser) llamada

la casa de las flores, porque por todas partes

(4)_____ (*estallar*) geranios: (5)_____ (ser)   *to burst out*

una bella casa

con perros y *chiquillos*.   *kids*

c **Al teléfono.** Di lo que hacías tú y los miembros de tu familia cuando recibieron una llamada telefónica.

MODELO **Mi perro miraba la televisión en el cuarto de mi hermano.**

1. hermanita   3. papá   5. yo
2. hermano   4. mamá   6. gato

1. _____
2. _____
3. _____
4. _____
5. _____
6. _____

d **Un semestre como los otros.** Di lo que hacías de costumbre el semestre pasado.

MODELO estudiar todas las noches   **Estudiaba todas las noches.**

1. poner mucha atención en la clase de español

2. asistir a muchos partidos de básquetbol

3. ir a dos clases los martes y jueves

4. leer en la biblioteca

5. no tener tiempo para almorzar a veces

6. trabajar los fines de semana

7. estar ocupado(a) todo el tiempo

Unidad 2, Lección 3

Nombre _____ **Fecha** _____

.6 The Infinitive
Textbook, p. G48

Uses of the Infinitive		
Verb + *a* + Infinitive	**Verb + *de* + Infinitive**	**Verb + *con* + Infinitive**
aprender a	acabar de *(to have just)*	contar con *(to count on)*
ayudar a *(to help)*	acordarse de *(to remember)*	soñar con *(to dream of)*
comenzar a	dejar de *(to fail, to stop)*	
decidirse a	quejarse de *(to complain)*	**Verb + *en* + Infinitive**
empezar a	tratar de *(to try to, attempt to)*	pensar en *(to think about)*
enseñar a	tratarse de *(to be about)*	insistir en
volver a *(to do [an action] again)*		

a **Valores.** Tú y tus amigos mencionan valores que son importantes.

MODELO importante / tener objetivos claros
        Es importante tener objetivos claros.

1. esencial / respetar a los amigos
   _____

2. necesario / seguir sus ideas
   _____

3. indispensable / tener una profesión
   _____

4. fundamental / luchar por sus ideales
   _____

5. bueno / saber divertirse
   _____

b **Letreros.** Trabajas en un museo y tu jefe te pide que prepares nuevos letreros *(signs)*, esta vez usando mandatos impersonales.

MODELO No abra esta puerta.   **No abrir esta puerta.**

1. No haga ruido. _____
2. Guarde silencio. _____
3. No toque los muebles. _____
4. No fume. _____
5. No saque fotografías en la sala. _____

Unidad 2, Lección 3

c **Opiniones.** Tú y tus amigos expresan diversas opiniones acerca de la guerra.

MODELO   todos nosotros / tratar / evitar las guerras
Todos nosotros tratamos de evitar las guerras.

1. los pueblos / necesitar / entenderse mejor

2. el fanatismo / ayudar / prolongar las guerras

3. todo el mundo / desear / evitar las guerras

4. la gente / soñar / vivir en un mundo sin guerras

5. los diplomáticos / tratar / resolver los conflictos

6. los fanáticos / insistir / imponer un nuevo sistema político

7. la gente / aprender / convivir en situaciones difíciles durante una guerra

d **Robo.** Algunas personas han presenciado el robo al Banco de Santander y comentan lo que vieron o escucharon al entrar o al salir del banco.

MODELO   ver a los sospechosos
Vi a los sospechosos al entrar en el banco. o
Al salir del banco vi a los sospechosos.

1. ver a dos hombres con máscaras

2. escuchar unos ruidos extraños

3. oír a alguien que gritaba: "¡Quietos todos!"

4. notar a un hombre que corría hacia la salida

5. reconocer el vehículo en que los hombres huían

Unidad 3, Lección 1

3.1 Preterite and Imperfect: Completed and Background Actions
Textbook, p. G51

a **De viaje.** Tu amigo(a) te pide que le digas cómo te sentías la mañana de tu viaje a México.

MODELO sentirse entusiasmado(a)
Me sentía muy entusiasmado(a).

1. estar inquieto(a)

2. sentirse un poco nervioso(a)

3. caminar de un lado para otro en el aeropuerto

4. querer estar ya en la Ciudad de México

5. no poder creer que salía hacia México

6. esperar poder usar mi español

7. tener miedo de olvidar mi cámara

b **Sumario.** Cuenta tu primer día en la Ciudad de México.

MODELO llegar a la Ciudad de México a las cuatro de la tarde
Llegué a la Ciudad de México a las cuatro de la tarde.

1. pasar por la aduana

2. llamar un taxi para ir al hotel

3. decidir no deshacer las maletas todavía

4. salir a dar un paseo por la Zona Rosa

5. sentirse muy cansado(a) después de una hora

6. regresar al hotel

7. dormir hasta el día siguiente

Manual de gramática

Unidad 3, Lección 1

C Mito. Completa la siguiente narración para descubrir el mito de cómo fue fundada la Ciudad de México.

Los aztecas (1)_____ (buscar) un sitio donde establecerse. Un día, en el año 1325, mientras (2)_____ (pasar) por el lago Texcoco, (3)_____ (ver) un espectáculo impresionante. Encima de un cactus llamado nopal (4)_____ (haber) un águila con las alas extendidas. (5)_____ (Tener) en su pico una serpiente que todavía se (6)_____ (mover). Los jefes (7)_____ (decidir) que ése (8)_____ (ser) el signo anunciado por los profetas antiguos y allí (9)_____ (fundar) la ciudad de Tenochtitlán.

d México colonial. Completa la siguiente narración sobre la época colonial en México.

La época colonial en México (1)_____ (durar) tres siglos: (2)_____ (comenzar) en 1521 y (3)_____ (terminar) en 1821. En ese tiempo, México (4)_____ (formar) parte del Virreinato de la Nueva España y (5)_____ (ser) una de las regiones más ricas del imperio español, pues (6)_____ (haber) mucho oro y plata que se (7)_____ (enviar) a España. Hacia el fin del período, las luchas entre los gachupines y los criollos (8)_____ (terminar) con la victoria de los criollos, quienes (9)_____ (declarar) la independencia del país en 1821.

3.2 Possessive Adjectives and Pronouns

Textbook, p. G53

Short form: Adjectives		Long form: Adjectives/Pronouns	
SINGULAR	PLURAL	SINGULAR	PLURAL
mi	_____	mío(a)	_____
tu	_____	tuyo(a)	_____
su	_____	suyo(a)	_____
nuestro(a)	_____	nuestro(a)	_____
vuestro(a)	vuestros(as)	vuestro(a)	vuestros(as)
su	_____	suyo(a)	_____

a ¿El peor? Compartes tu cuarto con un hermano. Los dos son bastante desordenados. ¿Quién es el peor?

MODELO libros (de él) / estar por el suelo
Sus libros están por el suelo.

1. sillón (de él) / estar cubierto de manchas
2. calcetines (míos) / estar por todas partes
3. pantalones (de él) / aparecer en la cocina
4. álbum de fotografías (mío) / estar sobre su cama
5. zapatos (de él) / aparecen al lado de los míos

Nombre _____ **Fecha** _____

b Gustos diferentes.
Tú y tu hermano(a) no tienen las mismas preferencias. ¿Cómo varían?

MODELO Su muralista favorito es Rivera. (Siqueiros)
   El mío es Siqueiros.

1. Su ciudad favorita es Morelia. (Guadalajara)

2. Mi período histórico favorito es la Revolución. (la Colonia)

3. Su novelista favorito es Mariano Azuela. (Carlos Fuentes)

4. Mi autora favorita es Rosario Castellanos. (Elena Poniatowska)

5. Su lugar favorito para vacaciones es Cancún. (Guaymas)

c Comparaciones.
Tú hablas con Emilio Bustamante, un estudiante extranjero. ¿Qué diferencias le dices que notas entre su cultura y la tuya?

MODELO costumbres
   Nuestras costumbres son diferentes a las tuyas.

1. lengua

2. gestos

3. modo de caminar

4. manera de escribir el número "7"

5. uso del cuchillo y del tenedor

Unidad 3, Lección 1

Unidad 3, Lección 2

3.3 Indefinite and Negative Expressions

Textbook, p. G55

Indefinite	Negative
algo *something, anything*	**nada** *nothing, anything*
alguien *someone, somebody, anybody*	**nadie** *no one, nobody, anybody*
alguno *some, any*	**ninguno** *no, any, none*
alguna vez *some time, ever*	**nunca, jamás** *never, ever*
siempre *always*	**nunca jamás** *never ever*
o *or*	**ni** *nor*
o … o *either … or*	**ni … ni** *neither … nor*
también *also, too*	**tampoco** *neither, not … either*
cualquiera *any, whatever*	

a **¿Cuánto sabes?** Contesta estas preguntas para ver cuánto sabes sobre la cultura guatemalteca.

MODELO ¿Has visitado alguna vez el Quiché?
Nunca he visitado el Quiché. o Sí, visité el Quiché en 1991.

1. ¿Has leído alguna vez acerca de las matemáticas mayas?

2. ¿Conoces alguna lengua indígena guatemalteca?

3. ¿Has estudiado mucho acerca de la astronomía maya?

4. ¿Has leído algo de Miguel Ángel Asturias?

5. ¿Has leído algunos cuentos guatemaltecos?

6. ¿Entiendes algo de la política actual de Guatemala?

7. ¿Sabes mucho de la reforma agraria en Guatemala?

8. ¿Has visitado alguna vez algunas ruinas mayas?

9. ¿Has estado en Escuintla o en Quetzaltenango?

Nombre _____ **Fecha** _____

b Opiniones opuestas. Tu compañero(a) contradice cada afirmación que tú haces.

MODELO Todos quieren resolver los problemas ecológicos.
 Nadie quiere resolver los problemas ecológicos.

1. Siempre se va a encontrar solución a un conflicto.
   _____

2. Un gobernante debe consultar con todos.
   _____

3. La economía ha mejorado algo.
   _____

4. El gobierno debe conversar con todos los grupos políticos.
   _____

5. Ha habido algunos avances en la lucha contra el narcotráfico.
   _____

3.4 Preterite and Imperfect: Simultaneous and Recurrent Actions

Textbook, p. G58

Verb	Imperfect	Preterite
conocer	to know	to meet (first time)
poder	to be able to	to manage
querer	to want	to try (affirmative); to refuse (negative)
saber	to know	to find out

a Último día. Explica lo que hiciste el último día de tu estadía en Guatemala.

MODELO salir del hotel después del desayuno
 Salí del hotel después del desayuno.

1. ir a muchas tiendas de artesanías
   _____

2. comprar regalos para mi familia y mis amigos
   _____

3. tomar mucho tiempo en encontrar algo apropiado
   _____

4. pasar tres horas en total haciendo compras
   _____

5. regresar al hotel
   _____

6. hacer las maletas rápidamente
   _____

7. llamar un taxi
   _____

8. ir al aeropuerto
   _____

Unidad 3, Lección 2

b **Verano guatemalteco.** Le cuentas a tu compañero(a) lo que tú y tus amigos hacían el verano pasado cuando estudiaban en Antigua, Guatemala.

MODELO ir a clases por la mañana
Íbamos a clases por la mañana.

1. vivir con una familia guatemalteca

2. regresar a casa a almorzar

3. por las tardes, pasear por la ciudad

4. a veces ir de compras

5. de vez en cuando cenar en restaurantes típicos

6. algunas noches ir a bailar a alguna discoteca

7. salir de excursión los fines de semana

c **Arte mural.** Completa la historia con la forma del verbo más apropiado para saber del arte mural en una ciudad norteamericana.

Hasta hace poco yo no (1)_____ (sabía-supe) nada de pinturas murales. Pero la semana pasada (2)_____ (aprendía-aprendí) mucho durante una corta visita que (3)_____ (hacía-hice) a San Francisco. Cuando alguien me (4)_____ (decía-dijo) que (5)_____ (había-hubo) pinturas murales en el barrio de la calle *Mission,* de inmediato (6)_____ (quería-quise) verlas. Afortunadamente, durante una tarde libre, (7)_____ (podía-pude) por fin admirar los murales. (8)_____ (Veía-Vi) paredes y más paredes con pinturas de colores brillantes que (9)_____ (contaban-contaron) la historia de los latinos. (10)_____ (Sabía-Supe) entonces que el arte mural es un arte vivo, que forma parte de la experiencia diaria de esa comunidad.

Unidad 3, Lección 2

Nombre _____ **Fecha** _____

d **Sábado.** Los miembros de la clase dicen lo que hacían el sábado por la tarde.

MODELO estar en el centro comercial / ver a mi profesor de historia
Cuando (Mientras) estaba en el centro comercial, vi a mi profesor de historia.

1. mirar un partido de básquetbol en la televisión / llamar por teléfono mi abuela

2. preparar un informe sobre el Premio Nóbel / llegar unos amigos a visitarme

3. escuchar mi grupo favorito de rock / los vecinos pedirme que bajara el volumen

4. andar de compras en el supermercado / encontrarme con unos viejos amigos

5. caminar por la calle / ver un choque entre una motocicleta y un automóvil

6. estar en casa de unos tíos / ver unas fotografías de cuando yo era niño(a)

7. tomar refrescos en un café / presenciar una discusión entre dos novios

Manual de gramática

Unidad 3, Lección 2

Unidad 3, Lección 3

3.5 The Prepositions *para* and *por*   Textbook, p. G60

a Admiración. ¿Por qué los guatemaltecos admiran a Rigoberta Menchú?

MODELO infatigable labor
La admiran por su infatigable labor.

1. obra en favor de los indígenas

2. defensa de los derechos humanos

3. valentía

4. activismo político

5. espíritu de justicia social

6. lucha contra la discriminación

b Planes. Menciona algunos planes generales del gobierno guatemalteco para resolver algunos de los problemas del país.

MODELO planes: controlar la inflación
El gobierno ha propuesto nuevos planes para controlar la inflación.

1. programas: mejorar la economía

2. leyes: prevenir los abusos de los derechos humanos

3. resoluciones: combatir el tráfico de drogas

4. regulaciones: proteger el medio ambiente

5. negociaciones: reconciliar a la oposición

Nombre _____ **Fecha** _____

c La Ciudad de los Dioses. Completa la siguiente información acerca de Teotihuacán, usando la preposición **para** o **por**, según convenga.

1. Muchas personas visitan México principalmente _____ ver las impresionantes pirámides de Teotihuacán.

2. No sabemos _____ quiénes fue construida esta ciudad.

3. No sabemos si los habitantes de Teotihuacán usaban este nombre _____ hablar de su ciudad.

4. _____ una ciudad antigua, Teotihuacán era realmente impresionante.

5. Teotihuacán fue y es famosa _____ sus pirámides y templos magníficos.

6. La ciudad no fue destruida _____ una civilización rival, sino _____ facciones internas.

7. Hoy, como antes los aztecas, sentimos respeto _____ las ruinas misteriosas de esta ciudad.

8. _____ todo el mundo, Teotihuacán es una ciudad fascinante y misteriosa.

d Paseo. Completa con la preposición **para** o **por**, según el sentido, para descubrir lo que hace Milagros durante su paseo.

Ayer di un paseo (1)_____ (=propósito) visitar el Museo Nacional de Antropología. Caminé (2)_____ (=a lo largo) el Paseo de la Reforma; iba (3)_____ (=hacia) el Parque de Chapultepec, que es donde queda el museo. No quise tomar un taxi o el metro (4)_____ estar el tiempo tan bueno. Cuando llegué al museo, pagué quince pesos (5)_____ la entrada. Vi, (6)_____ supuesto, la réplica de las pirámides de Teotihuacán construidas (7)_____ indígenas hace más de quince siglos. Admiré también la Piedra del Sol, el famoso calendario usado (8)_____ los aztecas (9)_____ resumir su visión del cosmos. Estuve en el museo (10)_____ varias horas y todavía no había visto todo. Pienso volver otro día (11)_____ ver más cosas. (12)_____ regresar al hotel tomé el metro, porque estaba muy cansada.

Unidad 3, Lección 3

Unidad 4, Lección 1

4.1 The Past Participle
Textbook, p. G64

Past Participle		
-ar verbs	-er verbs	-ir verbs
terminar	aprender	recibir
termin**ado**	aprend**ido**	recib**ido**

a **Breve historia de Cuba.** Completa la siguiente información acerca de Cuba con el participio pasado del verbo indicado entre paréntesis.

Cuba es (1) _____ (conocer) como la Perla de las Antillas. Está (2) _____ (situar) a 180 kilómetros al sur de la Florida y a 77 kilómetros al oeste de Haití. Fue (3) _____ (descubrir) por Colón durante su primer viaje y a principios del siglo XVI fue (4) _____ (colonizar) por Diego de Velázquez. Fue (5) _____ (declarar) república independiente a comienzos del siglo XX. Actualmente las zonas más (6) _____ (poblar) son las provincias del Este y La Habana. Según la Constitución (7) _____ (promulgar) en 1976, Cuba es una República Democrática y Socialista (8) _____ (dividir) en catorce provincias.

b **Trabajo de investigación.** Un(a) compañero(a) te pregunta acerca de un trabajo de investigación sobre Cuba que tienes que presentar en tu clase de español.

MODELO ¿Empezaste el trabajo sobre la historia de Cuba? (Sí) **Sí, está empezado.**
¿Terminaste la investigación? (Todavía no) **No, todavía no está terminada.**

1. ¿Hiciste las lecturas preliminares? (Sí) _____
2. ¿Consultaste la bibliografía? (Sí) _____
3. ¿Empezaste el bosquejo de tu trabajo? (No) _____
4. ¿Transcribiste tus notas? (Todavía no) _____
5. ¿Decidiste cuál va a ser el título? (Sí) _____
6. ¿Escribiste la introducción? (No) _____
7. ¿Devolviste los libros a la biblioteca? (No) _____
8. ¿Resolviste las dudas que tenías? (Todavía no) _____

4.2 Passive Constructions
Textbook, p. G66

a **¿Qué sabes de Cuba?** Usa la información siguiente para mencionar algunos datos importantes de la historia de Cuba.

MODELO reconocer / por Colón en 1492 **Fue reconocida por Colón en 1492.**

1. poblar / por taínos y ciboneyes _____
2. colonizar / por Diego de Velázquez _____
3. ceder / a EE.UU. por España en 1898 _____
4. declarar / república independiente en 1902 _____
5. transformar / enormemente por la Revolución de 1959 _____

Nombre _____ **Fecha** _____

b Poeta nacional.
Completa la siguiente información acerca del poeta cubano Nicolás Guillén usando *ser* + *participio pasado* del verbo indicado.

Nicolás Guillén nació en Camagüey en 1902. Sus primeros versos (1) _____ (publicar) en una revista de Camagüey en 1917. Se hizo famoso con *Motivos de son,* obra que (2) _____ (publicar) en 1930. (3) _____ (encarcelar) dos veces por el gobierno de Fulgencio Batista. Salió al exilio y volvió cuando triunfó la revolución de Fidel Castro en 1959. (4) _____ (aclamar) como el poeta nacional de Cuba y también (5) _____ (elegir) presidente de la Unión de Escritores y Artistas de Cuba. (6) _____ (admirar) como un gran poeta tanto dentro como fuera de su país. Murió en 1989.

c Economía cubana.
Contesta las siguientes preguntas acerca de la economía de Cuba usando *se* + *verbo en tercera persona.*

MODELO ¿Cuál es el principal producto agrícola de Cuba? (cultivar / caña de azúcar principalmente)
Se cultiva la caña de azúcar principalmente.

1. ¿Qué otros productos agrícolas tiene Cuba? (cultivar / también frutas tropicales)

2. ¿Qué maderas hay? (explotar / maderas preciosas)

3. ¿Hay minerales? (Sí, extraer / varios minerales, como el níquel y el cobre)

4. ¿Siembran la caña de azúcar en toda la isla? (Sí, pero cosechar / en el oeste de la isla especialmente)

5. ¿Es famoso el tabaco cubano? (Sí, conocer / en todo el mundo por su calidad)

6. ¿Es una economía de base industrial? (No, basar / en la agricultura)

d Noticias.
Tú y tus compañeros mencionan diversas noticias que han leído en el periódico de hoy.

MODELO anunciar / una gran tormenta de nieve
Anuncian una gran tormenta de nieve.

1. aconsejar / ir a votar temprano en las próximas elecciones

2. informar / acerca de nuevos avances en la medicina

3. pronosticar / que la economía va a mejorar

4. creer / que las negociaciones entre el gobierno y los trabajadores van a tener éxito

5. denunciar / abusos en algunos bancos locales

Unidad 4, Lección 1

Unidad 4, Lección 2

4.3 Present Subjunctive Forms and the Use of the Subjunctive in Main Clauses

Textbook, p. G68

Present Subjunctive

	-ar verbs	-er verbs	-ir verbs
	progresar	aprender	vivir
yo	progrese	aprenda	viva
tú	_____	_____	_____
Ud., él, ella	_____	_____	_____
nosotros(as)	_____	_____	_____
vosotros(as)	progreséis	aprendáis	viváis
Uds., ellos, ellas	_____	_____	_____

Present Subjunctive: Stem-changing Verbs

	pensar	volver
	e → ie	o → ue
yo	piense	vuelva
tú	_____	_____
Ud., él, ellas	_____	_____
nosotros(as)	_____	_____
vosotros(as)	penséis	volváis
Uds., ellos, ellas	_____	_____

Present Subjunctive: More Stem-changing Verbs

	mentir	dormir	pedir
	e → ie, i	o → ue, u	e → i, i
yo	mienta	duerma	pida
tú	_____	_____	_____
Ud., él, ella	_____	_____	_____
nosotros(as)	_____	_____	_____
vosotros(as)	mintáis	durmáis	pidáis
Uds., ellos, ellas	_____	_____	_____

Present Subjunctive: Irregular Verbs

	haber	ir	saber	ser	dar	estar
yo	haya	vaya	sepa	sea	dé	esté
tú	_____	_____	_____	_____	_____	_____
Ud., él, ella	_____	_____	_____	_____	_____	_____
nosotros(as)	_____	_____	_____	_____	_____	_____
vosotros(as)	hayáis	vayáis	sepáis	seáis	deis	estéis
Uds., ellos, ellas	_____	_____	_____	_____	_____	_____

Nombre _____ **Fecha** _____

a Deseos.
Describe algunos de los deseos del cantante dominicano Juan Luis Guerra.

MODELO   su esposa / escuchar sus canciones   **Quiere que su esposa escuche sus canciones.**

1. su familia / vivir en un lugar tranquilo
   _____

2. sus amigos / conversar con él a menudo
   _____

3. su música / reflejar la realidad dominicana
   _____

4. sus canciones / llevar un mensaje social
   _____

5. los artistas / funcionar como embajadores de buena voluntad
   _____

6. la gente / conocer a los poetas hispanos
   _____

7. los artistas / comprender y aceptar sus responsabilidades sociales
   _____

8. los pobres / recibir atención médica
   _____

b Opiniones contrarias.
Tú y tu compañero(a) expresan opiniones opuestas sobre lo que es bueno para los países del Caribe.

MODELO   probar otros modelos de gobierno
   Tú: **Es bueno que prueben otros modelos de gobierno.**
   Compañero(a): **Es malo que prueben otros modelos de gobierno.**

1. empezar nuevos experimentos políticos
   _____
   _____

2. conseguir préstamos extranjeros
   _____
   _____

3. defender su independencia política y económica
   _____
   _____

4. cerrar sus fronteras
   _____
   _____

5. tener elecciones libres
   _____
   _____

6. convertirse en democracia representativa
   _____
   _____

7. resolver sus problemas internos pronto
   _____
   _____

Unidad 4, Lección 2

Manual de gramática

c Recomendaciones. Di lo que les recomiendas a las personas que inventan nuevos aparatos o herramientas.

MODELO   hacer aparatos simples   **Les recomiendo que hagan aparatos simples.**

1. conocer las necesidades de la gente
2. oír la opinión de los expertos
3. construir herramientas resistentes y eficaces
4. producir sus aparatos en grandes cantidades
5. disponer de mucho dinero para la publicidad
6. ofrecer sus aparatos a buenos precios
7. darle al consumidor lo que desea
8. ir a exposiciones industriales
9. ser pacientes

The Subjunctive in Main Clauses   Textbook, p. G72

a Preparativos apresurados. Eres periodista y tu jefe(a) te ha pedido que hagas un reportaje sobre la República Dominicana. Tienes que salir para allá lo más pronto posible.

MODELO   el pasaporte estar al día   **Ojalá que el pasaporte esté al día.**

1. (yo) encontrar un vuelo para el sábado próximo
2. (yo) conseguir visa pronto
3. haber cuartos en un hotel de la zona colonial
4. (ellos) dejar pasar mi computadora portátil
5. la computadora portátil funcionar sin problema
6. (yo) poder entrevistar a muchas figuras políticas importantes
7. el reportaje resultar todo un éxito

b Indecisión. Tus amigos te preguntan lo que vas a hacer el próximo fin de semana. No puedes darles una respuesta definitiva, pues no estás seguro(a) de lo que quieres hacer.

MODELO   ir al cine   **Quizás (Tal vez, Probablemente) vaya al cine.**

1. ver una película
2. acompañar a mi amiga al centro comercial
3. asistir a un concierto
4. salir con mis amigos
5. tener que trabajar sobretiempo
6. conducir a la playa

Unidad 4, Lección 2

Nombre _____ Fecha _____

4.4 Formal and Familiar Commands — Textbook, p. G73

Formal Ud./Uds. Commands					
	-ar verbs		-er verbs		-ir verbs
	usar		correr		sufrir
Ud.	use		corra		sufra
Uds.	_____		_____		_____

a **Atracciones turísticas.** Eres agente de viaje y un(a) cliente tuyo(a) te consulta sobre lugares que debería ver durante su próximo viaje a la República Dominicana. ¿Qué recomendaciones le haces?

MODELO ver la Casa de Diego Colón   **Vea la Casa de Diego Colón.**

1. visitar la Catedral; admirar la arquitectura colonial

    _____

2. pasearse por la zona colonial; no tener prisa

    _____

3. entrar en el Museo de las Casas Reales

    _____

4. asistir a un concierto en el Teatro Nacional; hacer reservaciones con tiempo

    _____

5. caminar junto al mar por la Avenida George Washington

    _____

6. ir al Parque Los Tres Ojos; admirar el Acuario

    _____

7. no dejar de visitar el Faro de Colón

    _____

b **¿Qué hacer?** Un(a) amigo(a) y tú desean viajar a la República Dominicana y les piden consejo a los Núñez, vecinos que han vivido en ese país. Desgraciadamente, los dos no les dan el mismo consejo.

MODELO ¿Hacemos el viaje durante el verano?
   Él: **Sí, háganlo durante el verano.**
   Ella: **No, no lo hagan durante el verano; hace mucho calor.**

1. ¿Compramos el billete de avión con mucha anticipación?

    Él: _____

    Ella: _____

2. ¿Visitamos los pueblos pequeños?

    Él: _____

    Ella: _____

3. ¿Practicamos los deportes submarinos?

    Él: _____

    Ella: _____

4. ¿Nos bañamos en las playas del norte?

    Él: _____

    Ella: _____

5. ¿Nos quedamos por lo menos dos semanas en el país?

    Él: _____

    Ella: _____

Unidad 4, Lección 2

Familiar *tú* Commands

Textbook, p. G75

Familiar *tú* Commands		
-ar verbs	*-er* verbs	*-ir* verbs
usar	correr	sufrir
usa no uses	corre _____	sufre _____

a **Receta de cocina.** Un(a) amigo(a) te llama por teléfono para pedirte la receta de un plato dominicano. La receta aparece del modo siguiente en tu libro de cocina.

Instrucciones:
1. Cortar las vainitas verdes a lo largo; cocinarlas en un poco de agua.
2. Pelar los plátanos; cortarlos a lo largo; freírlos en aceite hasta que estén tiernos; secarlos en toallas de papel.
3. Mezclar la sopa con las vainitas; tener cuidado; no romper las vainitas.
4. En una cacerola, colocar los plátanos.
5. Sobre los plátanos, poner la mezcla de sopa y vainitas; echar queso rallado encima.
6. Repetir hasta que la cacerola esté llena.
7. Hornear a 350° hasta que todo esté bien cocido.
8. Cortar en cuadritos para servir; poner cuidado; no quemarse.

Ahora dale instrucciones a tu amigo(a) para preparar el plato.

MODELO **Corta las vainitas verdes a lo largo; cocínalas en un poco de agua.**

2. _____
3. _____
4. _____
5. _____
6. _____
7. _____
8. _____

Unidad 4, Lección 2

Nombre _____ **Fecha** _____

b Elecciones. Le das consejo a un(a) amigo(a) tuyo(a) que va a participar por primera vez en las próximas elecciones.

MODELO   informarse de los programas de los candidatos
   Infórmate de los programas de los candidatos.

1. leer lo que aparece en el periódico acerca de las elecciones; no creer todo

2. ver las entrevistas a los candidatos en la televisión

3. no perderse los debates televisados

4. ir temprano a votar

5. votar por los que tú consideres los mejores candidatos

6. no sentirse mal si tu candidato pierde

c Consejos contradictorios. Cada vez que un(a) amigo(a) tuyo(a) te da un consejo sobre cómo debes comportarte como turista en países hispanohablantes, otro(a) amigo(a) te da el consejo opuesto.

MODELO   Deja propina en los restaurantes.   **No dejes propina en los restaurantes.**

1. Lee acerca de la historia y las costumbres del país que visitas.

2. Esfuérzate por hablar español.

3. Pide información en la oficina de turismo.

4. Ten el pasaporte siempre contigo.

5. No cambies dinero en los hoteles.

6. No comas en los puestos que veas en la calle.

7. No salgas a pasearte solo(a) de noche.

8. Visita los museos históricos.

9. No regatees los precios en las tiendas.

Unidad 4, Lección 2   151

Unidad 4, Lección 3

4.5 Subjunctive: Noun Clauses
Textbook, p. G77

a **Recomendaciones.** Tú le indicas a tu compañero(a) cómo debe prepararse cuando hay peligro de huracán.

MODELO   comprar provisiones para varios días
   Es necesario (importante, preciso) que compres provisiones para varios días.

1. examinar el tanque de la gasolina de tu vehículo

2. llenarlo si está vacío

3. mantener una radio y una linterna *(flashlight)* a mano

4. asegurarte de que las pilas *(batteries)* funcionan

5. tener recipientes para guardar agua

6. mirar el botiquín de primeros auxilios

7. comprobar que tiene lo que necesita

b **Sugerencias.** Un(a) amigo(a) tuyo(a) que quiere cambiar su vida sedentaria te pide consejos acerca de qué tipo de actividades puede hacer. Tú le mencionas algunas posibilidades.

MODELO   ir a un gimnasio   **Te recomiendo (aconsejo, sugiero) que vayas a un gimnasio.**

1. practicar el béisbol
2. bailar salsa
3. jugar al tenis
4. hacer ejercicios aeróbicos
5. ponerte unos shorts y jugar al baloncesto

Nombre _____ **Fecha** _____

c **Opiniones.** Tú y tus compañeros dan opiniones acerca de Puerto Rico.

MODELO ser verdad / Puerto Rico es un territorio rico
Es verdad que Puerto Rico es un territorio rico.
no estar seguro(a) / los puertorriqueños quieren la independencia total
No estoy seguro(a) (de) que los puertorriqueños quieran la independencia total.

1. ser evidente / Puerto Rico es un país de cultura hispana
   _____

2. pensar / la economía de Puerto Rico se basa más en la industria que en la agricultura
   _____

3. no creer / Puerto Rico se va a separar de EE.UU.
   _____

4. no dudar / el idioma español va a seguir como lengua oficial
   _____

5. ser cierto / los puertorriqueños no tienen que pagar impuestos federales
   _____

6. negar / todos los puertorriqueños desean emigrar a EE.UU.
   _____

d **Datos sorprendentes.** Tú les cuentas a tus amigos las cosas que te sorprenden de Puerto Rico, lugar que visitas por primera vez.

MODELO Puerto Rico / tener tantos monumentos coloniales
Me sorprende (Es sorprendente) que Puerto Rico tenga tantos monumentos coloniales

1. la isla / ofrecer tantos sitios de interés turístico
   _____

2. tantas personas / vivir en una isla relativamente pequeña
   _____

3. los puertorriqueños / mantener sus tradiciones hispanas
   _____

4. en la montaña de El Yunque / haber una selva tropical fascinante
   _____

5. muy pocos puertorriqueños / querer un estado independiente
   _____

6. los puertorriqueños / no necesitar visa para entrar en EE.UU.
   _____

7. tantos puertorriqueños / practicar el béisbol
   _____

8. los hombres puertorriqueños / tener que inscribirse en el servicio militar de EE.UU.
   _____

Unidad 4, Lección 3

e **Preferencias.** Habla de las preferencias de muchos puertorriqueños.

MODELO el español / ser lengua oficial **Prefieren que el español sea lengua oficial.**
(los puertorriqueños) / vivir en la isla **Prefieren vivir en la isla.**

1. (los puertorriqueños) / no perder sus costumbres hispanas

2. la isla / permanecer autónoma

3. la isla / no tener sus propias fuerzas armadas

4. (los puertorriqueños) / decidir su propio destino

5. las empresas estadounidenses / no pagar impuestos federales

6. (los puertorriqueños) / gozar de los beneficios de un estado libre asociado

7. Puerto Rico / no convertirse en el estado cincuenta y uno

f **Situación mundial.** Tú y tus compañeros dicen lo que les parece importante para mejorar la situación mudial.

MODELO (nosotros) / prevenir / las guerras
Es bueno (mejor, preferible) que prevengamos las guerras.

1. (nosotros) / vivir / en armonía

2. (nosotros) / crear / un mundo de paz

3. todo el mundo / saber / leer y escribir

4. las personas / pensar / en los demás; no pensar / en sí mismas solamente

5. las herramientas / servir / para mejorar la vida de todo el mundo

6. nadie / morir / a causa del hambre

7. (nosotros) / proteger / el medio ambiente

8. (nosotros) / decirles a los líderes políticos lo que queremos

9. haber / más oportunidades de empleo para los jóvenes

Unidad 4, Lección 3

Unidad 5, Lección 1

.1 Relative Pronouns
Textbook, p. G82

a **Estilo más complejo.** Estás revisando la composición de un(a) compañero(a), en la cual aparecen demasiadas oraciones simples. Le sugieres que combine dos oraciones en una.

MODELO Claribel Alegría es una famosa escritora salvadoreña.
Escribió *Luisa en el país de la realidad*.
Claribel Alegría, quien (que) escribió *Luisa en el país de la realidad*, es una famosa escritora salvadoreña.

1. El líder político José Napoleón Duarte murió en 1990. Fue presidente entre 1984 y 1989.

2. Isaías Mata es el creador de la pintura *Cipotes en la marcha por la paz*. Vive actualmente en EE.UU.

3. Alfredo Cristiani asumió el cargo de presidente en 1991. Firmó un tratado de paz con el FMLN.

4. Óscar Arnulfo Romero fue arzobispo de San Salvador. Luchó por los derechos de los pobres.

5. Manlio Argueta es un reconocido escritor salvadoreño contemporáneo. Recibió el Premio Nacional de Novela en 1980.

b **Conozcamos El Salvador.** Para aprender más sobre El Salvador, identifica los siguientes lugares y cosas usando la información dada entre paréntesis.

MODELO el pipil (idioma indígena / hablarse en algunas partes de El Salvador)
El pipil es un idioma indígena que se habla en algunas partes de El Salvador.

1. San Salvador (ciudad / ser la capital de El Salvador)

2. El Izalco (volcán / estar todavía en actividad)

3. El colón (unidad monetaria / usarse en El Salvador)

4. San Miguel (pueblo / estar al pie de los volcanes Chaparrastique y Chinameca)

5. El Valle de las Hamacas (región del país / estar en continuo movimiento a causa de temblores)

C **Valiosa escritora salvadoreña.** Completa la siguiente información acerca de Claribel Alegría.

Claribel Alegría, (1)_____ es una célebre escritora salvadoreña, nació en Estelí, (2)_____ es un pueblo de Nicaragua. Sin embargo, ella se considera salvadoreña porque desde muy niña vivió en Santa Ana, (3)_____ es la segunda ciudad más grande de El Salvador. Su esposo Darwin J. Flakoll, (4)_____ es de nacionalidad estadounidense, es también escritor. *Luisa en el país de la realidad*, (5)_____ es uno de sus últimos libros, imita en su título el libro *Alicia en el país de las maravillas* de Lewis Carroll. Luisa, (6)_____ es la protagonista del libro de Alegría, no vive en el país de las maravillas, sino en el a veces violento pero siempre fascinante país de la realidad.

Uses of *el cual* and *el que*   Textbook, p. G84

	Uses of *el cual* and *el que*			
	el cual forms		*el que* forms	
	SINGULAR	PLURAL	SINGULAR	PLURAL
m.	el cual	_____	el que	_____
f.	_____	_____	_____	_____

a **Necesito explicaciones.** Tu profesor(a) te ha dicho que el último ensayo que entregaste no es apropiado. Le haces preguntas para saber exactamente por qué no es apropiado.

MODELO   el tema / escribir sobre
　　　　　¿El tema sobre el que escribí no es apropiado?

1. la bibliografía / basarse en

2. el esquema / guiarse por

3. la tesis central / presentar argumentación para

4. ideas / escribir acerca de

5. las opiniones / protestar contra

6. temas / interesarse por

Unidad 5, Lección 1

Nombre _____ Fecha _____

b Los cadejos.
Para contar la historia de los cadejos, combina las dos oraciones en una usando la forma apropiada de **el cual**.

MODELO Los cadejos habitan en los volcanes. Son perros mágicos del folklore salvadoreño.
Los cadejos, los cuales son perros mágicos del folklore salvadoreño, habitan en los volcanes.

1. Los cadejos protegen a los niños y a los ancianos. Son tataranietos de los volcanes.
   _____
   _____

2. Las campánulas constituyen el principal alimento de los cadejos. Son flores que parecen campanas.
   _____
   _____

3. Don Tonio no quería a los cadejos. Era dueño de la tierra de los volcanes.
   _____

4. Los soldados de plomo salieron a cazar cadejos. Seguían órdenes de don Tonio.
   _____

5. Los volcanes Tecapa y Chaparrastique lucharon contra los soldados de plomo y los vencieron. Eran amigos de los cadejos.
   _____
   _____

c Isaías Mata.
Completa el siguiente texto con pronombres relativos apropiados para conocer algunos acontecimientos relativamente recientes en la vida del pintor salvadoreño Isaías Mata.

El artista Isaías Mata, (1)_____ pinta en sus obras la realidad salvadoreña, nació en 1956. Llegó a ser director de la Facultad de Arte de la Universidad Centroamericana de San Salvador, institución en (2)_____ había estudiado unos años antes. En 1989 fue detenido por el ejército. Por temor a perder la vida, salió hacia EE.UU., país en (3)_____ pidió asilo. Se fue a vivir a la Misión, (4)_____ es el barrio latino de San Francisco donde viven muchos salvadoreños. Entre 1989 y 1993 produjo numerosas obras, entre (5)_____ hay una (6)_____ se titula *Cipotes en la marcha por la paz*. Ésta es una pintura (7)_____ muestra la esperanza (8)_____ tienen las generaciones jóvenes en un futuro mejor.

Uses of *lo cual, lo que* and *cuyo* |Textbook, p. G86|

a ¡Impresionante!
Un grupo de viajeros de regreso de El Salvador dicen qué es lo que más les impresionó.

MODELO ver en las calles **Me impresionó lo que vi en las calles.**

1. escuchar en la radio _____
2. leer en los periódicos _____
3. descubrir en mis paseos _____
4. aprender en la televisión _____
5. ver en el Museo de Historia Natural _____
6. contarme algunos amigos salvadoreños _____

Unidad 5, Lección 1

b **Reacciones.** Usa la información dada para indicar tu reacción al leer diversos datos acerca de El Salvador.

MODELO El Salvador tiene cuarenta y tres universidades / interesar
Leí que El Salvador tiene cuarenta y tres universidades, lo cual (lo que) me interesó mucho.

1. El Salvador es el país más pequeño y el más densamente poblado de Centroamérica / sorprender

2. El Salvador es el único país de la región sin salida hacia el Mar Caribe / extrañar

3. en 1980 más de veinte mil personas murieron a causa de la violencia / chocar

4. hay más de doscientas variedades de orquídeas en el país / fascinar

5. más de la cuarta parte de la población no sabe ni leer ni escribir / deprimir

c **¿Cuánto recuerdas?** Hazle preguntas a un(a) compañero(a) para ver si recuerda la información presentada en esta lección acerca de El Salvador.

MODELO el país / el nombre hace referencia a Jesús
¿Cuál es el país cuyo nombre hace referencia a Jesús?

1. el presidente / el período duró entre 1984 y 1989

2. la planta / la semilla se usa para elaborar chocolate

3. el artista / los murales están en San Francisco

4. el grupo político / la inspiración viene de Farabundo Martí

5. la escritora / el esposo es un escritor estadounidense

Unidad 5, Lección 1

Nombre _____ **Fecha** _____

5.2 Present Subjunctive: Adjective Clauses

> Textbook, p. G88

a **Información, por favor.** Para prepararte para un viaje a San Salvador, escribe algunas de las preguntas que le vas a hacer a tu guía turístico.

MODELO   grupos teatrales / dar funciones regularmente
         ¿Hay grupos teatrales que den funciones regularmente?

1. agencias turísticas / ofrecer excursiones a las plantaciones de café
   _____
2. tiendas de artesanía / vender artículos típicos
   _____
3. escuela de idiomas / enseñar español
   _____
4. Oficina de Turismo / dar mapas de la ciudad
   _____
5. libro / describir la flora de la región
   _____

b **Pueblo ideal.** Te encuentras en San Salvador y deseas visitar un pueblo interesante. Descríbele a tu compañero(a) el pueblo que te gustaría visitar, usando la información dada.

MODELO   tener edificios coloniales   **Deseo visitar un pueblo que tenga edificios coloniales.**

1. quedar cerca de un parque nacional
2. tener playas tranquilas
3. ser pintoresco
4. no estar en las montañas
5. no encontrarse muy lejos de la capital

c **Comentarios.** Completa las siguientes oraciones para saber los diversos comentarios u opiniones que expresaron algunos estudiantes de la clase acerca de El Salvador.

1. Es un país que _____ (producir) mucho café.
2. Uno tiene que prestar atención a los terremotos, que _____ (ser) los desastres naturales más comunes.
3. Los salvadoreños necesitan realizar reformas sociales que _____ (beneficiar) a todo el mundo.
4. Necesitan dictar leyes que _____ (proteger) los recursos naturales.
5. Es un país que _____ (tener) una gran densidad de población.
6. Afortunadamente no hay nada que _____ (favorecer) la polarización política.
7. Deben promover medidas que _____ (garantizar) la paz.
8. El Salvador es el único territorio centroamericano que no _____ (bordear) el Mar Caribe.
9. Deben seguir teniendo elecciones que _____ (ser) pacíficas y democráticas.
10. Creo que no hay ningún programa que _____ (ayudar) a diversificar la economía.

Unidad 5, Lección 1

Unidad 5, Lección 2

5.3 Present Subjunctive in Adverbial Clauses: A First Look

Textbook, p. G90

a **Propósitos.** Para saber lo que dicen los miembros del Grupo Teatral Cadejo sobre lo que se proponen cuando hacen teatro, haz oraciones usando **para que** o **a fin (de) que**.

MODELO nuestros compatriotas / divertirse
   Hacemos teatro para que nuestros compatriotas se diviertan. o
   Hacemos teatro a fin que nuestros compatriotas se diviertan.

1. los niños / tener un entretenimiento diferente a la televisión

2. la gente / pensar en temas importantes

3. nuestra gente / conocer a grandes autores

4. el público / instruirse

5. los niños / interesarse por el arte

6. las personas / darse cuenta de los peligros de la guerra

b **Visita dudosa.** Faltan pocos días para que termine tu corta visita a Tegucigalpa y el recepcionista del hotel te pregunta si tienes intenciones todavía de visitar las ruinas de Copán. Tú le aseguras que quieres ir, pero que hay obstáculos.

MODELO con tal de que / terminar el mal tiempo
   Sí, iré pronto, con tal de que termine el mal tiempo.

1. a menos (de) que / tener muchas cosas que hacer durante mi último fin de semana

2. con tal (de) que / conseguir un vuelo temprano por la mañana

3. a menos (de) que / planear otra excursión interesante

4. a menos (de) que / deber adelantar mi salida del país

5. con tal (de) que / el hotel de Copán confirmar mis reservaciones

Nombre _____ **Fecha** _____

c **Opiniones.** Los miembros de la clase expresan diversas opiniones acerca de Honduras. Usa las conjunciones de la lista siguiente para completar las oraciones.

a fin (de) que   con tal (de) que
a menos (de) que   porque
como

1. Los hondureños no van a estar contentos _____ mejore la situación económica.

2. Muchos ciudadanos están contentos _____ existe estabilidad política.

3. La agricultura va a prosperar _____ el gobierno solucione el problema de la distribución de las tierras.

4. _____ la inflación ha bajado en los últimos años, muchos piensan que la economía va a mejorar.

5. Se han dictado nuevas leyes _____ los comerciantes creen nuevas industrias.

d **Un aventurero presidente.** Completa la siguiente narración acerca del aventurero estadounidense William Walker, quien fue por un corto tiempo presidente de Nicaragua.

William Walker parte hacia Nicaragua en mayo de 1855 porque (1)_____ (ser) invitado por miembros del Partido Liberal a fin de que él los (2)_____ (ayudar) en su lucha contra los conservadores. En octubre de ese año, sin que el sorprendido ejército nicaragüense (3)_____ (poder) reaccionar, se apodera de la ciudad de Granada. En junio del año siguiente se convierte en presidente, ya que (4)_____ (triunfar) en las elecciones. Antes de que su corto período como líder de la nación (5)_____ (terminar), es reconocido como gobierno legítimo por EE.UU. En 1857 Walker es derrotado por una coalición de países centroamericanos y en mayo de ese año se entrega a la infantería de marina de EE.UU. para que las fuerzas centroamericanas no lo (6)_____ (capturar).

Unidad 5, Lección 2

Unidad 5, Lección 3

5.4 Present Subjunctive in Adverbial Clauses: A Second Look

Textbook, p. G93

a **Flexibilidad.** Tú y un(a) amigo(a) tratan de decidir lo que van a hacer. Tú quieres ser muy flexible y se lo muestras cuando te hace las siguientes preguntas.

MODELO ¿Vamos al cine hoy por la tarde o el próximo viernes? (cuando / [tú] querer)
Pues, cuando tú quieras.

1. ¿Nos encontramos frente al café o frente al cine? (donde / convenirte)

2. ¿Te llamo por teléfono a las tres o a las cinco? (como / [tú] desear)

3. ¿Te espero en casa o en el parque cercano? (donde / [tú] decir)

4. ¿Te devuelvo el dinero hoy o mañana? (según / convenirte)

5. ¿Te dejo aquí o en la próxima esquina? (como / serte más cómodo/a)

6. ¿Te paso a buscar a las dos o a las tres? (cuando / [tú] poder)

b **Preparativos.** ¿Qué dicen tú y tus compañeros cuando planean una excursión a la Reserva Forestal de Monteverde?

MODELO tan pronto como / (nosotros) terminar la próxima excursión
Vamos a ir tan pronto como terminemos la próxima excursión.

1. después (de) que / (nosotros) visitar la Oficina de Información Turística

2. en cuanto / (nosotros) alquilar equipo para acampar

3. cuando / mejorar el tiempo

4. en cuanto / (nosotros) conseguir los mapas de la región

5. tan pronto como / llamar Mario, quien será nuestro guía

Nombre _____ Fecha _____

c Intenciones. Di lo que piensas hacer en San José, a pesar de que puedas tener problemas.

MODELO tardar algunas horas / buscar artículos de artesanía en las tiendas
Aunque tarde algunas horas, voy a buscar artículos de artesanía en las tiendas.

1. quedar lejos de mi hotel / visitar el Museo de Entomología
_____
_____

2. tener poco tiempo / admirar las antigüedades precolombinas del Museo Nacional
_____
_____

3. estar cansado(a) / dar un paseo por el Parque Central
_____
_____

4. no interesarme la política / escuchar los debates legislativos en el Palacio Nacional
_____
_____

5. no tener hambre / comprar frutas tropicales en el Mercado Borbón
_____
_____

6. no entender mucho de fútbol / asistir a un partido en el Estadio Nacional
_____
_____

d Parques ecológicos. Completa la siguiente información acerca de los parques nacionales de Costa Rica.

Cuando (1) _____ (querer/tú) admirar la variedad y riqueza de los diferentes ecosistemas costarricenses, debes visitar uno de los muchos parques nacionales y reservas naturales. Como el gobierno (2) _____ (gastar) mucho dinero en estos parques, están muy bien mantenidos. Aunque estas reservas (3) _____ (constituir) un gran atractivo turístico, muchas están situadas en lugares alejados y de difícil acceso. Antes de que (4) _____ (viajar/tú) a un parque, es buena idea pasar por las oficinas del Servicio de Parques Nacionales en San José para obtener mapas, informaciones y permisos, en caso de que (5) _____ (ser) necesarios. El número de visitantes ha aumentado de modo dramático: mientras que en 1986 sólo 86.000 personas (6) _____ (visitar) los parques, en 1991 el total fue de 250.000. Un dato para que (7) _____ (apreciar/tú) la variedad de la fauna de los parques: aunque EE.UU. (8) _____ (ser) muchísimo más grande que Costa Rica, sólo tiene unas 800 especies diferentes de pájaros; en Costa Rica se han registrado más de 850.

Unidad 5, Lección 3

Unidad 6, Lección 1

6.1 Future: Regular and Irregular Verbs

Textbook, p. G96

Future Tense: Regular Verbs

	-ar verbs	-er verbs	-ir verbs
	regresar	vender	recibir
yo	regresaré	venderé	recibiré
tú	_____	_____	_____
Ud., él, ella	_____	_____	_____
nosotros(as)	_____	_____	_____
vosotros(as)	regresaréis	venderéis	recibiréis
Uds., ellos, ellas	_____	_____	_____

a ¿Qué harán? Di lo que harán las personas indicadas el próximo fin de semana.

MODELO **Iremos a una fiesta.**

1. tú _____
2. yo _____
3. Catalina y Verónica _____

4. nosotros _____
5. ustedes _____
6. Jaime y sus amigos _____
7. tú _____

Nombre _____ **Fecha** _____

b **La rutina del dentista.** El dentista de la historia de García Márquez parece ser un hombre muy metódico. Di lo que hará mañana.

MODELO   abrir el gabinete a las seis de la mañana
Abrirá el gabinete a las seis de la mañana.

1. sacar una dentadura postiza de la vidriera _____
2. poner los instrumentos sobre la mesa _____
3. ordenarlos de mayor a menor _____
4. rodar la fresa hacia el sillón _____
5. sentarse _____
6. pulir la dentadura _____
7. trabajar con determinación _____
8. pedalear en la fresa _____
9. trabajar por unas horas _____
10. hacer una pausa _____

c **Promesas de un amigo.** Completa con el futuro de los verbos indicados para saber lo que te promete una amiga antes de salir hacia Bogotá.

Cuando te escriba, te (1)_____ (decir) qué aprendí y también cómo me divertí durante mi estadía en Bogotá. (2)_____ (Tener) muchas cosas que contarte. No (3)_____ (poder) salir de Bogotá todos los fines de semana, pero (4)_____ (salir) de la ciudad varias veces. (5)_____ (Poder/nosotros) hablar largas horas cuando nos veamos.

d **Posibles razones.** Varias personas del pueblo ven entrar al alcalde en el consultorio del dentista. Como todos saben que son enemigos, se preguntan las razones de esa visita.

MODELO   estar enfermo   **¿Estará enfermo?**

1. dolerle una muela _____
2. necesitar atención médica _____
3. tener un absceso _____
4. querer hacerse un examen _____
5. desear hablar de asuntos políticos _____
6. ir a atacar al dentista _____

Unidad 6, Lección 1

Unidad 6, Lección 2

6.2 Conditional: Regular and Irregular Verbs

Textbook, p. G99

Conditional Tense: Regular Verbs

	-ar verbs regresar	-er verbs vender	-ir verbs recibir
yo	regresaría	vendería	recibiría
tú	_____	_____	_____
Ud., él, ella	_____	_____	_____
nosotros(as)	_____	_____	_____
vosotros(as)	regresaríais	venderíais	recibiríais
Uds., ellos, ellas	_____	_____	_____

a **Entrevista.** Eres periodista y Rubén Blades, uno de los candidatos a la presidencia de Panamá, te ha concedido una entrevista. ¿Qué preguntas le vas a hacer?

MODELO   cómo / mejorar la economía   ¿Cómo mejoraría Ud. la economía?

1. qué reformas educacionales / proponer
   _____

2. cuánto / diversificar la economía
   _____

3. cómo / proteger las selvas tropicales
   _____

4. cuántos nuevos empleos / crear
   _____

5. cómo / darles más estímulos a los artistas
   _____

6. qué medidas / tomar para mejorar la salud pública
   _____

b **Suposiciones.** Hoy todos los estudiantes hablan de por qué una estudiante panameña de intercambio no vino a hablar de su país el día anterior, como les había prometido.

MODELO   tener un inconveniente de última hora   **Tendría un inconveniente de última hora.**

1. caer enferma repentinamente _____
2. perder el autobús en que viene a clases _____
3. cambiar de idea _____
4. no estar preparada para hacer su presentación _____
5. olvidar que la presentación era ayer _____

Nombre _____ **Fecha** _____

c **Consejos.** Un(a) amigo(a) y tú hablan con un(a) panameño(a) a quien conocen. Completa el siguiente diálogo para saber qué consejos les da acerca de posibles lugares que podrían visitar.

Tú: —¿Nos (1)_____ (poder/tú) decir qué lugares deberíamos visitar?

Panameño(a): —(2)_____ (Deber/Uds.) visitar la Zona del Canal, por supuesto. Y no (3)_____ (querer) dejar de pasear por la Ciudad de Panamá.

Amigo(a): —Nos (4)_____ (gustar) visitar algunas ruinas antiguas.

Panameño(a): —Pues, entonces, (5)_____ (poder/Uds.) ir a Panamá Viejo.

Tú: —¿Está cerca de la Ciudad de Panamá? (6)_____ (Preferir/nosotros) no viajar demasiado lejos.

Panameño(a): —Está muy cerca. Un poco más de cinco kilómetros.

d **El club latino.** El club latino tendrá una reunión esta noche. Cambia cada frase al tiempo futuro para decir qué harán todos.

MODELO A todos les gusta divertirse.
Todos se divertirán.

1. A Lucero le gusta bailar salsa. _____
2. A los primos Martínez les gusta sacar fotos. _____
3. A ti te interesa traer los refrescos. _____
4. A David le gusta cantar. _____
5. A todos les gusta comer. _____
6. A mi me gusta pasarlo bien. _____

Unidad 6, Lección 2

Unidad 6, Lección 3

6.3 Imperfect Subjunctive: Forms and *si*-clauses

Textbook, p. G102

Imperfect Subjunctive

	-ar verbs	*-er* verbs	*-ir* verbs
	tomar	prometer	insistir
yo	tomara	prometiera	insistiera
tú	_____	_____	_____
Ud., él, ella	_____	_____	_____
nosotros(as)	_____	_____	_____
vosotros(as)	tomarais	prometierais	insistierais
Uds., ellos, ellas	_____	_____	_____

a **Recomendaciones.** Di lo que les recomendarías a tus compañeros que hicieran o no hicieran.

MODELO **Les recomendaría que estudiaran más.**

Nombre _____ **Fecha** _____

b Deseos.
Cuando les preguntas a tus amigos caraqueños si les gusta la ciudad, todos te dicen que sí. Pero todos dicen también que les gustaría más la ciudad si tuviera o no tuviera otras cualidades. ¿Cuáles son algunas de esas cualidades?

MODELO   aumentar las líneas del metro
   Dicen que les gustaría más si aumentaran las líneas del metro.

1. controlar mejor el crecimiento de la ciudad

2. solucionar los embotellamientos del tráfico

3. estar más cerca las playas

4. mantener mejor las autopistas

5. no permitir tantos vehículos en las autopistas

6. crear más áreas verdes en la ciudad

c Planes remotos.
Di lo que a ti te gustaría hacer si pudieras visitar Venezuela.

MODELO   ir a Venezuela / visitar la zona amazónica
   Si fuera a Venezuela, visitaría la zona amazónica.

1. viajar a Venezuela / sobrevolar el Salto del Ángel, la catarata más alta del mundo

2. visitar Maracaibo / ver las torres de perforación petroleras

3. hacer buen tiempo / tomar sol en las playas del Litoral

4. tener tiempo / admirar los llanos venezolanos

5. estar en Mérida / subirme en el teleférico más alto y más largo del mundo

6. poder / pasearme por la ciudad colonial de Coro

7. estar en Caracas / entrar al Museo Bolivariano y a la Casa Natal del Libertador

8. en Caracas, querer comprar algo / ir a las tiendas de Sabana Grande

Unidad 6, Lección 3

d **Poniendo condiciones.** Di bajo qué condiciones harías lo siguiente en Caracas.

MODELO   Visitaría la iglesia colonial de San Francisco si...
Visitaría la iglesia colonial de San Francisco si me interesara la historia o la arquitectura.

1. Usaría el metro si...

2. Manejaría por las autopistas si...

3. Subiría al teleférico del Ávila si...

4. Pasaría unas horas en el zoológico de Caricuao si...

5. Correría en el Parque del Este si...

6. Iría al inmenso y moderno Centro Comercial Ciudad Tamanaco si...

Unidad 7, Lección 1

7.1 Imperfect Subjunctive: Noun and Adjective Clauses
Textbook, p. G106

a. Los pedidos de la víbora.
Di lo que la víbora le pidió al hombre en la leyenda "El hombre y la víbora".

MODELO salvarla **La víbora le pidió al hombre que la salvara.**

1. no irse
2. escucharla con atención
3. ser bueno con ella
4. hacerle un favor
5. librarla de morir
6. impedir que la piedra la matara
7. quitar la piedra

b. Las quejas del buey.
Menciona las quejas que tiene el buey contra su amo en la leyenda quechua.

MODELO no tratarlo bien **El buey se lamentó de que su amo no lo tratara bien.**

1. no darle una recompensa
2. no alimentarlo
3. no agradecerle su trabajo
4. no recompensarlo debidamente
5. no ser justo
6. hacerlo trabajar demasiado
7. no preocuparse por su salud

C Reacciones. Describe las diversas reacciones de algunos personajes a lo largo de la leyenda quechua.

MODELO   hombre / temer / víbora / picarlo   **El hombre temió (temía) que la víbora lo picara.**

1. hombre / querer / ayudar a / víbora

2. víbora / pedir / hombre / dejarla libre

3. buey / no pensar / problemas del hombre / ser / importantes

4. hombre / lamentar / caballo / no entender su queja

5. víbora / alegrarse de / dos jueces / darle la razón

6. hombre / temer / encontrar a un tercer juez como los anteriores

7. el zorro / querer / ayudar al hombre

d Deseos y realidad. Di primeramente qué tipo de gobernante pedía la gente durante las últimas elecciones presidenciales del Perú. En seguida, di si, en tu opinión, la gente obtuvo o no ese tipo de gobernante.

MODELO   crear empleos   **La gente pedía un gobernante que creara empleos.**
La gente eligió un gobernante que (no) creó empleos.

1. reducir la inflación

2. eliminar la violencia

3. continuar el desarrollo de la agricultura

4. atender a la clase trabajadora

5. obedecer la constitución

6. dar más recursos para la educación

7. hacer reformas económicas

8. construir más carreteras

Nombre _____ **Fecha** _____

Unidad 7, Lección 2

Imperfect Subjunctive: Adverbial Clauses
Textbook, p. G108

a Los planes de tu amigo(a). Un(a) amigo(a) te habló de sus planes de pasar un semestre en Quito. ¿Qué te dijo?

MODELO a menos que / no reunir el dinero necesario
Me dijo que pasaría el próximo semestre en Quito a menos que no reuniera el dinero necesario.

1. con tal que / encontrar una buena escuela donde estudiar

2. siempre que / aprobar todos los cursos que tiene este semestre

3. a menos que / tener problemas económicos

4. a fin de que / su español mejorar

5. en caso de que / poder vivir con una familia

b Primer día. Tu amigo(a) imagina cómo sería su primer día en la capital ecuatoriana. ¿Cómo piensa que sería su viaje?

MODELO llegar al aeropuerto / tomar un taxi al hotel
Tan pronto como (En cuanto) yo llegara al aeropuerto Mariscal Sucre, tomaría un taxi al hotel.

1. entrar en mi cuarto de hotel / ponerse ropa y zapatos cómodos

2. estar listo(a) / ir a la Plaza de la Independencia y entrar en la Catedral

3. salir de la Catedral / mirar las tiendas de los alrededores

4. cansarse de mirar tiendas / caminar hacia la Plaza San Francisco

5. alcanzar la Plaza San Francisco / buscar la iglesia del mismo nombre

6. terminar de admirar el arte de la iglesia / volver al hotel, seguramente cansadísimo(a)

Unidad 7, Lección 2

C **El petróleo ecuatoriano.** Completa la siguiente narración acerca de la economía ecuatoriana en el pasado reciente.

Antes de que se (1)_____ (descubrir) el petróleo, Ecuador tenía una economía predominantemente agrícola basada en el cultivo de bananas, café y cacao. A partir de 1972, cuando la producción petrolera (2)_____ (alcanzar) cantidades considerables, la importancia de la agricultura empezó a declinar, aunque todavía (3)_____ (tener) importancia. Todo iba bien, a menos que (4)_____ (bajar) los precios mundiales del petróleo. Era una economía inestable porque todos (5)_____ (saber) que, en el futuro, tan pronto como (6)_____ (bajar) los precios del petróleo, la economía nacional sufriría. Afortunadamente, antes de que se (7)_____ (producir) el temido colapso económico, la economía comenzó a diversificarse, tendencia que continúa en nuestros días.

Unidad 7, Lección 3

3 Present Perfect: Indicative and Subjunctive

Textbook, p. G111

Present Perfect	Indicative	Subjunctive
yo	he terminado	haya recibido
tú	_____ terminado	_____ recibido
Ud., él, ella	_____ terminado	_____ recibido
nosotros(as)	_____ terminado	_____ recibido
vosotros(as)	habéis terminado	hayáis recibido
Uds., ellos, ellas	_____ terminado	_____ recibido

a **Cambios recientes.** Menciona algunos cambios que han ocurrido en Bolivia últimamente.

MODELO introducir reformas agrarias   **Se han introducido reformas agrarias.**

1. nacionalizar algunas empresas

2. repartir tierras a los campesinos

3. promover el desarrollo de la zona oriental

4. tratar de estabilizar la economía

5. crear una nueva moneda, el boliviano

6. escoger como presidente al candidato del Movimiento Nacionalista Revolucionario

b **La Puerta del Sol.** Tú y tus compañeros especulan acerca del origen y la función de la Puerta del Sol de Tiahuanaco.

MODELO formar parte de un templo
Es posible que la Puerta del Sol haya formado parte de un templo.

1. ser la puerta de entrada de un palacio

2. constituir el centro religioso de un imperio

3. ser construida hace más de veinticinco siglos

4. tener un significado político y religioso

5. señalar las tumbas de los reyes

c Quejas.
Un(a) amigo(a) que visitó La Paz con un grupo de compañeros se lamenta de que no hayan podido hacer todas las cosas que habían planeado.

MODELO   ir a Tiahuanaco   **Mi amigo(a) siente que ellos no hayan ido a Tiahuanaco.**

1. visitar el Museo de Instrumentos Nativos

2. poder ver el Festival del Gran Poder

3. comer empanadas en el Mercado Camacho

4. asistir a un festival de música andina

5. subir al Parque Mirador Laykacota

6. ver la colección de objetos de oro en el Museo de Metales Preciosos

d ¿Cuánto sabes?
Un(a) compañero(a) te hace preguntas acerca de la cultura boliviana.

MODELO   estar en La Paz   ¿Has estado en La Paz?
No, nunca he estado en La Paz. (o Sí, he estado allí dos veces.)

1. escuchar música andina

2. leer acerca de las culturas preincaicas

3. visitar Sucre, la capital legal de Bolivia

4. estudiar quechua

5. dar un paseo en barco por el Lago Titicaca

6. tocar la quena o el charango

7. sufrir de soroche

8. oír la canción "El cóndor pasa"

Nombre _____ **Fecha** _____

Unidad 8, Lección 1

Other Perfect Tenses *Textbook, p. G114*

	Past Perfect Indicative	Past Perfect Subjunctive
yo	**había** aceptado	**hubiera** aceptado
tú	_____ aceptado	_____ aceptado
Ud., él, ella	_____ aceptado	_____ aceptado
nosotros(as)	_____ aceptado	_____ aceptado
vosotros(as)	**habíais** aceptado	**hubierais** aceptado
Uds., ellos, ellas	_____ aceptado	_____ aceptado

	Future Perfect	Conditional Perfect
yo	**habré** comprendido	**habría** comprendido
tú	_____ comprendido	_____ comprendido
Ud., él, ella	_____ comprendido	_____ comprendido
nosotros(as)	_____ comprendido	_____ comprendido
vosotros(as)	**habréis** comprendido	**habríais** comprendido
Uds., ellos, ellas	_____ comprendido	_____ comprendido

a **Investigación.** Los detectives están investigando la muerte del hombre sentado en el sillón de terciopelo verde. Uno de los trabajadores de la finca menciona las preguntas que le hicieron.

MODELO notar algo especial
Me preguntaron si había notado algo especial.

1. estar en casa todo el día
   _____
   _____

2. ver a alguien en la casa
   _____
   _____

3. oír ladrar los perros
   _____
   _____

4. escuchar ruidos extraños
   _____
   _____

5. llamar a la policía de inmediato
   _____
   _____

6. hablar recientemente con la esposa del hombre muerto
   _____
   _____

b **Quejas.** En los años ochenta los argentinos se quejaban de muchas cosas que habían ocurrido [en la] década anterior. ¿Qué lamentaba la gente?

MODELO la deuda externa / aumentar drásticamente
La gente lamentaba que en los años anteriores la deuda externa hubiera aumentado drásticamente.

1. la productividad del país / disminuir

2. los precios de la ropa y de los comestibles / subir mucho

3. la inflación / no controlarse

4. el estándar de vida / declinar

5. la guerra de las Malvinas / perderse

6. miles de personas / desaparecer

c **Predicciones.** Los uruguayos son muy optimistas. ¿Qué opiniones expresan acerca de lo que creen que habrá ocurrido antes de que termine el siglo XXI?

MODELO el país / modernizarse completamente
Antes de que termine el siglo XXI, el país ya se habrá modernizado completamente.

1. el desempleo / bajar

2. la economía / estabilizarse

3. la deuda externa / pagarse

4. el país / convertirse en una potencia agrícola

5. la energía hidroeléctrica / desarrollarse

6. la red caminera / aumentar

7. el país / llegar a ser una nación industrializada

Unidad 8, Lección 1

Nombre _____ **Fecha** _____

Vacaciones muy cortas. Después de una corta estadía en Montevideo, les dices a tus amigos lo que habrías hecho en caso de que hubieras podido quedarte más tiempo.

MODELO ir a la playa de Pocitos **Habría ido a la playa de Pocitos.**

1. pasearme por las ramblas _____

2. mirar más tiendas de la avenida 18 de Julio _____

3. admirado los cincuenta y cinco colores del mármol del Palacio Legislativo _____

4. ver el Monumento a la Carreta _____

5. asistir a un partido de fútbol en el Estadio Centenario _____

6. volver muchas veces más a la Plaza de la Independencia _____

7. tomar té en una confitería _____

8. escuchar tangos en una tanguería _____

Unidad 8, Lección 1

Unidad 8, Lección 2

8.2 Sequence of Tenses: Indicative

Textbook, p. G117

Indicative

Simple Tenses		Perfect Tenses	
Present	acepto	Present Perfect	he aceptado
Future	_____	Future Perfect	_____ aceptado
Imperfect	_____	Past Perfect	_____ aceptado
Preterite	_____	Preterite Perfect	_____ aceptado
Conditional	_____	Conditional Perfect	_____ aceptado

a **Lecturas.** Menciona algunos de los datos que recuerdas de tus lecturas sobre Paraguay.

MODELO   la guerra del Chaco / tener lugar entre 1932 y 1935
Leí que la guerra del Chaco tuvo lugar entre 1932 y 1935.

1. Juan Salazar de Espinosa / fundar Asunción en 1537

2. los jesuitas / organizar misiones en el siglo XVII

3. José Gaspar Rodríguez de Francia / gobernar el país desde 1814 hasta 1840

4. Augusto Roa Bastos / publicar su novela *Yo, el supremo* en 1974

5. Josefina Plá / escribir un ensayo sobre el barroco hispano-guaraní en 1975

6. el general Stroessner / ser derrocado en 1989

7. el general Andrés Rodríguez / ser elegido presidente en 1989

8. Juan Carlos Wasmosy / ganar las elecciones presidenciales en 1993

Nombre _____ **Fecha** _____

Recuerdos. Un señor paraguayo te cuenta cómo era su vida cuando supo de la declaración de guerra entre Paraguay y Bolivia en 1932.

MODELO tener dieciocho años   **Cuando comenzó la guerra, yo tenía dieciocho años.**

1. vivir en Misiones con mi familia _____

2. no estar casado _____

3. no trabajar _____

4. estar todavía en la escuela _____

5. no estar inscrito en el servicio militar _____

6. creer que no sería un conflicto muy serio _____

Futuro inmediato. ¿Cómo ves la situación en Paraguay en los próximos veinte años?

MODELO haber estabilidad política
Opino que habrá estabilidad política todavía. o
(Opino que no habrá estabilidad política.)

1. enseñarse el guaraní en las escuelas privadas _____

2. desarrollarse proyectos económicos con países vecinos _____

3. publicarse libros y periódicos en guaraní _____

4. cultivarse algodón y maní _____

5. construirse vías férreas _____

Unidad 8, Lección 2

d **¿Qué pasará?** ¿Habrá cambios en Paraguay antes del fin del siglo XXI?

MODELO la constitución / cambiar
  Me imagino que antes del fin del siglo XXI la constitución (no) habrá cambiado.

1. la población / alcanzar diez millones

2. el país / participar en una guerra con sus vecinos

3. los paraguayos / poblar el norte del país

4. la gente / destruir la jungla

5. la lengua guaraní / desaparecer

6. el aislamiento del país / ser superado

e **¡Ahora sé más!** Di lo que pensabas acerca de Paraguay antes de leer la lección y después de leerla.

MODELO el país más pequeño de Sudamérica
  Pensaba que Paraguay era el país más pequeño de Sudamérica, pero ahora sé que no es el más pequeño.

1. estar al norte de Bolivia

2. tener salida al mar

3. exportar café principalmente

4. no tener grupos indígenas

5. no producir energía hidroeléctrica

Nombre _____ Fecha _____

Unidad 8, Lección 3

3 Sequence of Tenses: Indicative and Subjunctive

Textbook, p. G120

Sequence of Tenses	
Main Verb (Indicative)	Dependent Verb (Subjunctive)
Present Present Perfect Future Future Perfect Command	Present Present Perfect
Main Verb (Indicative)	Dependent Verb (Subjunctive)
Imperfect Past Perfect Preterite Conditional Conditional Perfect	Imperfect Past Perfect

a **Cosas sorprendentes.** Les mencionas a tus amigos datos de Chile que te han sorprendido.

MODELO ser país largo y estrecho
Me ha sorprendido que Chile sea un país tan largo y estrecho.

1. poseer una parte de la Antártida
_____

2. tener posesiones en el océano Pacífico, como la Isla de Pascua
_____

3. concentrar la población en la parte central de su territorio
_____

4. gozar, en la zona central, de un clima y paisaje semejantes a los de California
_____
_____

5. disponer de canchas de esquí de renombre mundial
_____

6. producir vinos famosos en el mundo entero
_____

b **Posible visita.** Tú y tus amigos dicen cuándo o bajo qué condiciones visitarán Chile.

MODELO antes de que / terminar el año escolar
Visitaré Chile antes de que termine el año escolar.

1. tan pronto como / reunir dinero
_____

2. con tal (de) que / poder quedarme allí tres meses por lo menos
_____

3. después (de) que / graduarme
_____

4. cuando / estar en mi tercer año de la universidad
_____

5. en cuanto / aprobar mi curso superior de español
_____

Unidad 8, Lección 3

c Cosas buenas. Éstas son algunas de las respuestas que te dan tus amigos chilenos cuando les preguntas qué cambios desean en el país.

MODELO la economía / no depender de los precios del cobre
Sería bueno que la economía no dependiera de los precios del cobre.

1. el país / tener otros centros económicos importantes, además de Santiago

2. el gobierno / proteger la industria nacional

3. la carretera panamericana / estar mejor mantenida

4. el gobierno / preocuparse más de la preservación de las riquezas naturales

5. nosotros / explotar más los recursos minerales del desierto de Atacama

6. el presidente / (no) poder ser reelegido

d Recuerdos de años difíciles. Algunos amigos chilenos te hablan de lo que le gustaba y no le gustaba a la gente durante los años ochenta.

MODELO las libertades individuales / desaparecer
A la gente no le gustaba que las libertades individuales hubieran desaparecido.

1. la exportación de fruta / aumentar

2. el orden público / restablecerse

3. la economía / mejorar un poco

4. los latifundios / no eliminarse

5. el costo de la educación / subir mucho

6. muchos profesionales / abandonar el país

Nombre _____ **Fecha** _____

Si-clauses

Textbook, p. G122

Si-clauses	
For actions likely to take place in the present or future:	
si-clause	result clause
si + present indicative	present indicative / future / command
For unlikely or contrary-to-fact actions or situations in the present or in the future:	
si-clause	result clause
si + imperfect subjunctive	conditional
For contrary-to-fact actions in the past:	
si-clause	result clause
si + past perfect subjunctive	conditional perfect

a Planes. ¿Qué planes tienes para los días que vas a pasar en Santiago?

MODELO ir al parque de atracciones de Fantasilandia
Si tengo tiempo, iré al parque de atracciones de Fantasilandia.

1. subir al cerro San Cristóbal _____

2. entrar en La Chascona, una de las casas de Pablo Neruda en Santiago _____

3. esquiar en Farellones _____

4. salir para el pueblo de Pomaire para ver trabajar a los artesanos _____

5. ver el glaciar del Parque Nacional El Morado _____

b En el sur. ¿Qué harías en el sur de Chile si pudieras ir allí también?

MODELO bajar a las minas subterráneas de carbón de Lota
Si pudiera ir al sur de Chile, bajaría a las minas subterráneas de carbón de Lota.

1. navegar en el río Bío-Bío _____

2. recorrer algunos pueblos mapuches cerca de Temuco _____

3. ver los fuertes españoles del siglo XVII cerca de Valdivia _____

4. pasearme por los densos bosques del Parque Nacional Puyehue cerca de Osorno _____

5. alquilar un bote en el lago Llanquihue _____

Unidad 8, Lección 3

c **¡Qué lástima!** Chile es un país tan largo que no pudiste visitar todo lo que querías. Di lo que habrías hecho si hubieras tenido tiempo.

MODELO   visitar el desierto de Atacama
Si hubiera tenido tiempo, habría visitado el desierto de Atacama.

1. pasar unos días en Arica, cerca de la frontera con el Perú

2. ver los edificios coloniales de La Serena

3. entrar en iglesias del siglo XVIII en la isla de Chiloé

4. volar a Punta Arenas, la ciudad más austral del mundo

5. hacer una visita a la Isla de Pascua

8.4 Imperfect Subjunctive in Main Clauses
Textbook, p. G124

a **Recomendaciones.** Un amigo te hace amables recomendaciones acerca de tu próximo viaje a Chile.

MODELO   consultar a un agente de viajes   **Pudieras (Podrías) consultar a un agente de viajes.**

1. viajar durante los meses calurosos de verano

2. llevar dólares en vez de pesos chilenos

3. leer una guía turística

4. comprar tu billete de avión con anticipación

5. pasar más de cinco días en Santiago

6. ver la región de los lagos

b **Soñando.** Tú y tus compañeros expresan deseos que seguramente no se cumplirán.

MODELO   no tener que estudiar para el examen de mañana
Ojalá no tuviera que estudiar para el examen de mañana.

1. estar tomando el sol en una playa en estos momentos

2. andar de viaje por el cono Sur

3. ganar un viaje a Chile

4. aprobar todos mis cursos sin asistir a clase

5. tener un empleo interesante

6. poder jugar al tenis más a menudo

Unidad 8, Lección 3